国家社会科学基金青年项目"财经垂直门户信息服务模式选择及绩效评估研究"(编号:13CTQ042)成果

会计领域前沿问题研究系列丛书

财经垂直门户信息服务模式选择及绩效评估研究

胡翠华 / 著

图书在版编目(CIP)数据

财经垂直门户信息服务模式选择及绩效评估研究/胡翠华著. —上海:立信会计出版社,2019.12
ISBN 978-7-5429-6372-7

Ⅰ.①财… Ⅱ.①胡… Ⅲ.①服务经济学—情报服务—模式选择—研究 Ⅳ.①F063.1

中国版本图书馆 CIP 数据核字(2020)第 004194 号

策划编辑 张巧玲 冯 晶
责任编辑 张巧玲
封面设计 南房间

财经垂直门户信息服务模式选择及绩效评估研究
Caijing Chuizhi Menhu Xinxi Fuwu Moshi Xuanze ji Jixiao Pinggu Yanjiu

出版发行	立信会计出版社
地　　址	上海市中山西路 2230 号　　邮政编码　200235
电　　话	(021)64411389　　　　　　传　　真　(021)64411325
网　　址	www.lixinaph.com　　　　　电子邮箱　lixinaph2019@126.com
网上书店	http://lixin.jd.com　　　　　http://lxkjcbs.tmall.com
经　　销	各地新华书店
印　　刷	江苏凤凰数码印务有限公司
开　　本	710 毫米×1000 毫米　　1/16
印　　张	10.25　　　　　　　　　　插　　页　1
字　　数	162 千字
版　　次	2019 年 12 月第 1 版
印　　次	2019 年 12 月第 1 次
书　　号	ISBN 978-7-5429-6372-7/F
定　　价	42.00 元

如有印订差错,请与本社联系调换

前　言

财经垂直门户面向有财经信息需求的人群提供有一定深度的、序化的、可能更加细分的网络财经信息产品或服务，属于行业门户。财经垂直门户是金融市场的中介性机构，隶属于金融类现代服务业，也是技术与人力资本投入密集度高、附加值大的知识密集型机构，隶属于科技服务业。其主营业务是整理、加工和传播财经信息及各种研究报告，开发金融信息产品，提供技术开发与系统集成服务等。可以说，财经垂直门户是金融科技服务企业的典型代表。

财经垂直门户跨越金融业，在电信、媒体、IT 等关联产业渗透，围绕价值创造构造了不同的信息服务模式。本书首先分析垂直门户、财经垂直门户、垂直信息服务和网络财经垂直信息服务的特征，通过对国际权威的网站流量信息统计公司 Alexa 网站最近 6 年 4 个不同时间段的数据采集、分析与整理，找出 thomsonreuters.com、hexun.com 等 12 个排名靠前的中外财经垂直门户，并对这些有影响力的财经垂直门户进行比较分析。然后通过对有影响力的中外财经垂直门户的主要频道，财经信息内容、产品及服务逐一进行细分，提取财经商业资讯和行情数据的展示、查询服务等 11 类主要的财经信息活动，从企业定位、资源优势、技术实力、管理团队、外部环境等角度对其选择原因进行剖析，再从这些活动所涉及的客体、主体和环境要素角度进行挖掘，探索财经垂直门户信息服务模式构造所需的基本要素（内容挖掘、信息传播、平台搭建与服务方式），并提出财经垂直门户的 6 类服务模式：内容粗加工服务模式（M1）、内容精加工服务模式（M2）、内容包装服务模式（M3）、内容传递服务模式（M4）、平台服务模式（M5）和咨询服务模式（M6）。

无论是产品开发型财经垂直门户还是综合型财经垂直门户，都很难均衡地配置企业的人、财、物，即使具备采用上述6类服务模式的条件，比如Thomsonreuters和Bloomberg这样全球领先的财经信息提供商，也不会平均投入资源，而是在服务模式的选择上有优先级或者在不同的阶段实施不同的服务模式。这一点我们从12个有影响力的财经垂直门户提供的信息内容、产品及服务分布矩阵也可以看出来。那么，财经垂直门户对信息服务模式的具体设计，以及采用了该模式后的经营绩效，或者该模式是否使企业资源达到了最优配置效率、实现了帕累托最优，都需要根据其具体的业务类型进行实证分析。

对决策单元(Decision Making Unit，简称DMU)进行效率评价与排序，是管理学与运筹学领域的重要课题。数据包络分析(Data Envelopment Analysis，简称DEA)已经被普遍接受并广泛应用于决策单元的效率评价与排序之中。基于效率评价的结果，DEA常常被用来作为决策单元排序的工具，传统的CCR模型以及各种衍生模型都曾经被用作排序工具。从管理科学的角度，财经垂直门户信息服务模式的选择问题，可以看作对各个服务模式进行排序的问题。在定量测度部分，本书分别使用经典的DEA模型(CCR模型和BCC模型)以及改进的DEA模型(SUPER模型和双前沿面DEA模型，其中双前沿面DEA模型是课题组创新性研究算法)对6类服务模式对应的27种业务类型进行绩效评价。因行情数据发布、财经信息发布等27种业务类型在不同财经垂直门户的采纳和运营状况有差异，于是本书挑选了5家国内有代表性的财经垂直门户作为调研样本，从经营前景、内容挖掘、技术开发、客户关系和效益这5个维度来建立财经垂直门户信息服务模式绩效评估一级指标，围绕财经信息活动设计了13个二级指标，使用网络层次分析法(Analytic Network Process，简称ANP)得到各二级指标权重。在采集了135条数据记录后，本书设计了2种数据处理方案，方案一计算出的效率值反映了现存业务类型的绩效情况，方案二计算出的效率值反映了各业务类型的市场平均绩效情况。从4个DEA模型计算结果的分析、方案一和方案二的结果比较分析、服务模式和业务类型排序结果的比较分析、四象限法和前景理论、全效率分析等角度，本书提出了财经垂直门户信息服务模式优选顺序和具体业务类型选择相关建议，并列举关键资源的不同情况对优选服务模式和业务类型进行了应用可行性探讨。

最后,本书以互联网金融产品在国内外财经垂直门户的发展为例,说明"宝类"互联网金融产品只是财经垂直门户平台服务模式(M5)中网上金融交易业务类型(Y23)的具体形式,具有时效性。在金融科技时代,随着全球经济趋势和行业经营环境的变化,市场热点会转换,财经垂直门户需要提前"嗅出"市场发展趋势,随市场热点的转换根据自身资源状况选择适合企业发展的服务模式和业务类型。

本书主要从8个部分进行阐述:(1)引言部分,介绍研究背景、文献综述、主要研究内容、思路、方法和创新之处;(2)财经垂直门户信息服务相关界定及特征;(3)国内外财经垂直门户选取与比较,得到国内外有影响力的财经垂直门户;(4)财经垂直门户信息服务模式的抽取,推导出基本构造要素;(5)财经垂直门户信息服务模式绩效评估指标设计,包括指标选择和权重确定;(6)国内财经垂直门户信息服务模式绩效定量测度;(7)财经垂直门户信息服务模式选择的相关建议及应用可行性探讨;(8)案例:互联网金融产品在国内外财经垂直门户的发展。

目 录

1 引言 ··· 1
　1.1 研究背景 ··· 1
　1.2 文献综述 ··· 4
　　1.2.1 垂直门户相关研究 ·· 4
　　1.2.2 信息服务模式相关研究 ······································ 5
　　1.2.3 网络财经垂直信息服务相关研究 ························· 6
　　1.2.4 相关研究述评 ·· 10
　1.3 主要研究内容 ·· 11
　1.4 研究思路与研究方法 ·· 14
　1.5 特色与创新之处 ·· 16

2 财经垂直门户信息服务相关界定及特征 ······················ 18
　2.1 垂直门户界定 ·· 18
　2.2 财经垂直门户界定 ··· 19
　2.3 垂直信息服务特征 ··· 21
　2.4 网络财经垂直信息服务特征 ···································· 22

3 国内外财经垂直门户选取与比较 ································· 24
　3.1 数据源选取说明 ·· 24
　3.2 国内财经垂直门户排名 ·· 25
　3.3 国外财经垂直门户排名 ·· 28
　3.4 国内外财经垂直门户比较 ······································· 31
　3.5 有影响力的国内外财经垂直门户简况 ······················ 32

4 财经垂直门户信息服务模式的抽取 ·················· 36
4.1 财经垂直门户信息服务模式构造分析思路 ·················· 36
4.2 有影响力的国内外财经垂直门户内容分析 ·················· 37
4.3 财经信息内容、产品及服务分布矩阵 ·················· 41
4.4 财经信息活动抽取及其影响因素分析 ·················· 45
4.4.1 财经信息活动抽取 ·················· 45
4.4.2 财经信息活动被选原因分析 ·················· 45
4.5 财经信息活动相关要素分析 ·················· 52
4.5.1 财经信息服务内容分析 ·················· 52
4.5.2 财经信息服务者分析 ·················· 53
4.5.3 财经信息用户分析 ·················· 54
4.5.4 财经信息获取渠道分析 ·················· 54
4.6 财经垂直门户信息服务模式选择及构造要素分析 ·················· 55
4.6.1 四种基本财经信息服务模式 ·················· 55
4.6.2 不同类型财经垂直门户信息服务模式的理论选择 ·················· 59
4.6.3 综合型财经垂直门户信息服务模式构造要素分析 ·················· 60

5 财经垂直门户信息服务模式绩效评估指标设计 ·················· 63
5.1 财经垂直门户信息服务模式绩效评估指标选择 ·················· 63
5.2 基于 ANP 的指标权重确定 ·················· 65
5.2.1 ANP 模型基本原理简介 ·················· 66
5.2.2 财经垂直门户信息服务模式绩效评估指标依存性分析 ·················· 66
5.2.3 财经垂直门户信息服务模式绩效评估指标判断矩阵 ·················· 68
5.2.4 数据处理及权重确定 ·················· 72

6 国内财经垂直门户信息服务模式绩效定量测度 ·················· 75
6.1 业务类型的选择 ·················· 75
6.2 调研对象的选择和数据采集 ·················· 78
6.2.1 调研对象的选择 ·················· 78

  6.2.2 数据采集 ·············· 79
6.3 评估模型 ·············· 80
  6.3.1 CCR 模型 ·············· 81
  6.3.2 BCC 模型 ·············· 81
  6.3.3 SUPER 模型 ·············· 82
  6.3.4 双前沿面 DEA 模型 ·············· 83
6.4 数据处理 ·············· 85
  6.4.1 数据预处理方案 ·············· 85
  6.4.2 数据处理流程 ·············· 85
  6.4.3 数据统计特征 ·············· 86
6.5 实证结果分析 ·············· 88
  6.5.1 CCR 模型计算结果 ·············· 88
  6.5.2 BCC 模型计算结果 ·············· 90
  6.5.3 SUPER 模型计算结果 ·············· 92
  6.5.4 双前沿面 DEA 模型计算结果 ·············· 94
  6.5.5 结果分析 ·············· 97

7 财经垂直门户信息服务模式选择的相关建议及应用可行性探讨 ·············· 104
7.1 财经垂直门户信息服务模式选择建议 ·············· 104
7.2 基于四象限法的财经垂直门户信息服务模式和业务类型选择建议 ·············· 105
7.3 基于四象限法和前景理论的财经垂直门户业务类型选择建议 ·············· 106
  7.3.1 前景理论概述 ·············· 106
  7.3.2 基于四象限法和前景理论的业务类型选择偏移 ·············· 106
7.4 财经垂直门户业务类型全效率分析及选择建议 ·············· 108
  7.4.1 效率分析及选择建议 ·············· 108
  7.4.2 投影分析及选择建议 ·············· 111
  7.4.3 灵敏度分析及选择建议 ·············· 113

7.5 财经垂直门户优选信息服务模式和业务类型的应用

可行性探讨 ………………………………………………… 115

8 案例：互联网金融产品在国内外财经垂直门户的发展 …………… 120

 8.1 互联网金融元年的发展概况 …………………………………… 120

 8.2 提供互联网金融产品的财经垂直门户 ………………………… 121

 8.3 未提供互联网金融产品的财经垂直门户 ……………………… 123

  8.3.1 未提供互联网金融产品的国内财经垂直门户定位与特色 … 123

  8.3.2 未提供互联网金融产品的国外财经垂直门户定位与特色 … 125

 8.4 互联网金融产品只是平台服务模式的一种具体形式 ………… 127

9 结论 ……………………………………………………………… 130

 参考文献 …………………………………………………………… 136

 后记 ………………………………………………………………… 150

1 引言

1.1 研究背景

纵观互联网络几十年的发展,我们不难发现雅虎(Yahoo!)等综合门户网站很难在某一项垂直业务中独占鳌头,真正成为某项垂直业务的大鳄基本上是垂直门户。财经垂直门户是向有财经信息需求的用户提供有一定深度的、序化的,可能更加细分的金融财经信息、产品和相关服务,其特点是"专、深、精"。国外知名财经垂直门户有如下几类:

第一类,从提供传统新闻出版服务发展起来的财经垂直门户。例如,汤森路透(Thomson Reuters)是英国拥有160多年历史的全球规模最大的新闻出版机构,它先后在伦敦交易所、纳斯达克(NASDAQ)、多伦多交易所和纽约交易所上市,在全球有150多个分支机构,于1993年注册网站thomsonreuters.com提供各种商业、金融、财经信息和数据服务。再如,《金融时报》是英国知名的商业财经报刊,它在1994年注册了网站 ft.com 提供商业财经信息。

第二类,从传统媒体发展到数字媒体再提供财经信息的垂直门户。例如,美国知名的商业财经报刊《华尔街日报》,成立了华尔街数字网络公司,于1994年注册网站 Wsj.com 提供财经信息。

第三类,从提供财经信息起家又扩展到新闻传播领域的垂直门户。例如,彭博(Bloomberg)公司是美国拥有30多年历史的全球领先的金融数据供应商,在全球有190多个分支机构,1990年后,相继开办了经济新闻社、广播、电视,开发了彭博终端,并于1993年注册网站 bloomberg.com 提供财经信息。

第四类，为个人投资者提供金融信息和证券交易实务的财经垂直门户。例如，于 1982 年成立的 E-trade 是美国较早的面向个人投资者的证券交易服务商。它于 1996 年在美国 NASDAQ 上市，并于 1994 年注册网站 Etrade.com 面向个人投资者提供网上经纪及相关产品和服务。

第五类，从提供因特网服务发展起来的财经垂直门户。例如，于 2004 年注册的 dailyfinance.com 是因特网服务提供商美国在线（AOL）旗下财经信息网站。

第六类，提供深度个性化信息的财经垂直门户。例如，于 2006 年注册的 cnanalyst.com 专门提供在美国上市的中国公司的各种新闻、数据和分析报告等。再如，于 1995 年注册的 bankrate.com 是专门提供个人金融及利率信息的国际权威平台，是网上领先的财经利率信息集成者，也是百余个出版商和广播信息提供商索取可信度高的财经利率的数据源。

相比而言，我国财经垂直门户起步稍晚。最早是和讯网（hexun.com），它于 1996 年问世。同年，证券之星（stockstar.com）从上海热线财经频道独立，不久，中财网（cfi.cn）成为专业财经网络媒体。尽管它们依然存在，但仅和讯网保持着先发优势，证券之星被后来居上的金融界（jrj.com）收购。还有三个较有影响的分别是金融界（于 1999 年注册，2005 年在美国 NASDAQ 上市）、东方财富网（eastmoney.com，于 2004 年注册，2010 年在深交所上市）和同花顺金融服务网（10jqka.com.cn，以下简称"同花顺"，于 2003 年注册，2009 年在深交所上市）。上述网站虽然起步晚，但有后发优势，除同花顺从早期的金融软件开发起家（类似于国外第五类）发展到财经垂直门户，其他全部是创建时就定位于以提供财经信息为主营业务的财经垂直门户（动因类似于国外第三类，但规模相差甚远）。与此同时，我们也发现，随着经济全球化、商业网络化的发展，产业高度融合，国内许多传媒企业把业务重心转向了快速发展网络媒体，中国经济网（ce.cn，于 1995 年注册）、财经网（caijing.com.cn，于 1999 年注册）、证券时报网（stcn.com，于 2002 年注册）、中证网（cs.com.cn，于 1998 年注册）等传媒企业官网关注度快速上升,吸引了大量财经信息用户,逐渐发展成为有一定影响力的财经垂直门户(类似于国外第一类,但规模相差甚远)。

国内外对垂直门户的学术研究晚于业界实践,其成果集中在20世纪末到21世纪初的十几年间,涉及政治、经济、学科门户、学术研究、学术出版、图书馆、生态、医疗健康,乃至车、房、求职、旅游、视频、体育与运动等社会细分领域,研究内容涉及概念与特征描述、信息服务模式种类、单个信息服务模式的技术实现与盈利模式等方面。

针对上述现状,我们认为当前研究主要存在如下空白:

(1) 国内外关于垂直门户的研究还比较零散,垂直门户信息服务模式必须结合到行业或细分领域进行系统研究。

(2) 我国学者对于垂直门户信息服务模式的技术层面研究比较重视,也关注单个信息服务模式(如垂直搜索引擎等)的盈利模式,但针对垂直门户选择某一种信息服务模式的原因及其经营绩效的研究还很缺乏。

(3) 财经垂直门户信息服务模式相关研究还很不够,尚没有文献系统地对财经垂直门户信息服务模式选择及绩效评估问题进行研究。

因此,本课题的研究意义在于:

(1) 本研究以财经垂直门户为研究样本,系统探讨它们的信息服务模式,定量科学评价业务类型的绩效,找出优化的信息服务模式和业务类型,可为现有、新建和拟建的同类门户信息服务模式选择提供参考。

(2) 我国财经垂直门户多是科技型小微企业,定量科学评价其现有信息服务模式的经营绩效,可辅助企业取舍或改进服务模式,提高决策正确性,降低投资风险。这符合中共十八大报告中"支持小微企业特别是科技型小微企业发展"的精神,也符合中共十九大报告提出的"推动经济发展质量变革、效率变革、动力变革,提高全要素生产率"的新发展理念。

(3) 垂直门户不同于综合门户,也不同于企业网站,它是行业门户。财经垂直门户属于现代金融科技服务业。系统梳理国内外财经垂直门户的信息服务模式,建立和完善财经垂直门户信息服务模式选择及绩效评估研究规范,可丰富互联网经济中观层次的理论与实践研究成果。

1.2 文献综述

1.2.1 垂直门户相关研究

国内外对垂直门户的学术研究集中在20世纪末到21世纪初的十几年间，涉及政治、经济、学科门户、学术研究、学术出版、图书馆、生态、医疗健康，乃至车、房、求职、旅游、视频、体育与运动等社会细分领域，研究内容涉及垂直门户的概念与特征描述（Peter，2001；Seki Yuji，2001；王斌，2001；靖继鹏、尹焱鑫，2011）[1-4]，垂直门户的用户习惯培养（张瑞，2017）[5]，垂直门户的信息服务模式（郝凤英，2002；赵志荣，2000）[6-7]，某具体垂直门户的信息传播模式（林宏牛、肖焕禹和钟飞，2018）[8]和运营模式（沈斌，2017；苏晓男，2017）[9-10]，以及单个服务模式（如垂直搜索引擎、信息推送服务、网络广告等）的技术实现（王婷，2017）[11]或盈利模式（张敏，2008；李敏，2012）等[12-13]。其中，国外研究提及的服务模式有垂直搜索引擎（SIMBA报告，2000；Wang，2017）[14-15]、虚拟用户共享社区（Brogan和Kohli，2003；Harvey，2017）[16-17]、开源服务（Anbu，2006；Blummer和Kenton，2018）[18-19]、XBRL GL财经服务（Colm，2005；Torre等，2018）[20-21]等；国内研究提及的服务模式有专业化或垂直搜索引擎（刘文艳，2007；杨抒、武刚和罗仙仙，2009；宋献民，2015；孙赫、赵德平，2015；周珑，2017）[22-26]、网络广告（李迎春，2012；窦艳艳，2018）[27-28]、主动式信息服务或信息推送服务（焦玉英、李进华，2002；雷育生、甘仞初和杜顶，2005）[29-30]、智能代理主动服务（卫迎辉、吕建新和路一平，2009）[31]、移动信息服务（储节旺、黄洁钦，2013；马林山、赵庆峰和肖新国，2013；钟学燕等，2018）[32-34]等。杨抒、武刚和罗仙仙（2009）根据垂直门户中所记录的用户使用行为、偏好、特点以及用户的个性化设置信息，构建出垂直信息服务系统的模型[23]。

1.2.2 信息服务模式相关研究

关于信息服务模式的相关概念,我国学者胡昌平和乔欢(2000)指出信息服务是以信息为内容的服务业务,其服务对象是对服务具有客观需求的社会主体,即包括社会组织和社会成员[35]。在有关信息服务模式间各要素的关系研究中,学者陈建龙(2003)以信息服务的基本要素分析为基础,运用模式方法,探讨了信息服务传递、使用、问题解决各要素间的基本关系[36]。在信息服务模式技术实现手段研究中,学者郎宇洁(2012)提出以长尾理论和Web2.0技术发展为支撑,对现阶段"众包"信息服务存在的问题提出解决措施以及为Web2.0环境下信息服务模式的优化提供思路[37]。在服务模式研究中,Lee和Kim(2009)从信息基础设施建设等方面的视角提出了一站式服务的服务模式[38];王卓昊等(2010)从信息服务网的角度提出了构建"双向"的SaaS信息服务模式[39];范凤霞(2013)针对不同行业特征,提出从行业协会的角度构建科技信息服务模式[40]。

关于图书馆、档案、医院等的信息服务模式研究从2000年后就一直是研究热点,近几年更甚,有对高校图书馆(孟玫,2014;王浩、刘冰和张琳琳,2016;刘军军,2017)[41-43]、公共图书馆(刘晓斌,2016)[44]、数字图书馆(张立滨,2018)[45]、智慧图书馆(高媛,2018)[46]、医院图书馆(李静丽等,2014)[47]等不同类型图书馆的信息服务模式研究,有对"互联网+"环境下图书馆情景化用户偏好的信息服务模式研究(黄传慧,2016)[48],有基于微信的医院信息服务模式研究(黄永刚,2014;王慧敏,2018)[49-50],还有档案信息服务模式研究(黄海铿,2018;彭敏珍,2018;高玫,2018)[51-53],等等。江波和覃燕梅(2014)从系统架构、读者覆盖率、服务主动性、服务多样性、读者交互性、建设维护成本、日常服务成本等方面对我国移动图书馆的五种主要服务模式(短信、彩信、网站、App客户端和微信)进行了比较研究[54]。Younghee(2015)构想了未来图书馆的新模式是图书馆4.0,它可以用智能、生成空间、上下文感知技术、开源、大数据、云服务、增强现实、最先进的展示和图书馆员4.0这些关键词来解释[55]。张博

(2014)从档案信息服务模式构成要素的角度对传统和新型档案信息服务模式进行对比分析,从服务人员、服务对象、服务内容、服务策略与方式等四个构成要素构建"以用户为中心"的档案信息服务模式[56]。张向阳等(2018)指出,近二十年,我国医学信息服务领域的研究论文数量平稳增长,年均增长率为1.97%。国内学者多以信息服务、图书馆、医学信息为主要研究对象。其中,信息服务主要涉及医学信息服务、信息资源、服务模式、读者服务。医学信息服务模式的改变主要体现在服务内容(重视电子资源的数量和获取的便捷性、多元化)、服务方式(更精简信息、不同媒介传播方式)和服务对象(更加社会化、网络化)的改变[57]。

1.2.3　网络财经垂直信息服务相关研究

关于财经垂直门户信息服务模式的研究,能够查询到的完全切题的文献比较有限,主要有如下一些相关研究。

1) 财经垂直搜索引擎

财经网络(包括互联网和移动网络)垂直搜索引擎的技术实现研究最多。如刘威(2013)指出金融垂直搜索引擎的关键技术是金融爬虫技术、结构化信息抽取技术、自然语言智能语义处理技术[58];杜建亮(2009)探讨了基于本体的面向股票或金融信息的垂直搜索引擎实现技术[59];潘月姣和孟小军(2008)阐述了基于JAVA平台的财经信息专业搜索引擎系统设计思路[60];吕晓昶(2011)利用Lucene与Heritrix设计实现面向交易信息的垂直搜索引擎系统[61];滕文达(2011)从文本倾向性分析移动平台技术设计股票资讯搜索与预测系统[62];宋鸿浩(2014)提出使用Hadoop开源分布式存储计算平台基于Nutch插件机制构建中小型机构垂直搜索引擎的技术方案,并将该方案应用于金融领域信息检索服务中[63];王汉超(2015)利用数据挖掘和自然语言处理相关知识,提出了一种新的智能搜索平台框架,该平台可以给用户提供分门别类的财经资讯[64]。

王海波、龙舟艺和张雷(2015)从界面特点、功能特点和检准率三个方面对财经垂直搜索引擎"和讯网"与通用搜索引擎"百度"进行对比研究,发现财经垂直搜索引擎在数据方面的检索更有优势,数据更加直观全面[65]。

2) 财经垂直门户的信息内容、结构和可用性问题

王庆柱(2007)通过路透社和新华社财经频道对比分析中外财经网站的内容结构[66]。谢明珠(2009)研究了以传统媒体为依托的财经网站、门户类网站的财经频道、证券信息类财经网站和实务类财经网站这四类网络财经媒体的内容与结构,从栏目划分、网站构架、更新速度、报道量、网页编排、报道手段、互动手段等方面进行分析并总结其特色,提出了网络财经媒体的发展趋势:面向"大财经"新闻观转变、更加注重与读者互动,应依据其自身的特点和优势,准确定位,使受众获得更多的使用价值[67]。丁苗(2015)研究了财经门户网站用户需求[68]、网站前期定位及内容差异化[69],进而针对地方财经门户网站存在用户访问效率低下、界面不友好等可用性问题[70],以及部分财经门户网站存在"重设计、轻用户"、定位不清晰、内容可读性不强、同质化现象严重、用户体验差等信息构建现状[71]进行分析。

3) 财经垂直门户的服务质量评价

罗毅辉(2017)在分析我国财经垂直门户特点的基础上,借助信息生态理论,提出了一种自上而下构建财经垂直门户服务质量层次本体评价模型的方法,并且结合层次分析法设计了相应的服务质量评价软件,将抽象的服务质量评价模型具体化为定量的指数排序。该文章对东方财富网、和讯网、同花顺、中国经济网和金融界进行生态性测评,发现综合服务能力从高到低排序依次为:东方财富网、和讯网、同花顺、金融界和中国经济网[72]。胡宗标和胡晓宇(2018)在生态信息理论的视角下,提出财经垂直门户网站的服务评价模型,对腾讯财经、新浪财经、和讯网、搜狐财经和网易财经进行测评,发现综合得分从高到低排序依次为:和讯网、新浪财经、搜狐财经、腾讯财经和网易财经[73]。

4) 财经垂直门户个案研究

近几年,针对某一财经垂直门户的网站建设、运营模式、盈利模式、发展战略等的研究文献逐渐增多。王建勋(2008)研究了基于 Web2.0 架构的和讯网站建设方案[74];张亚琼(2017)分析了和讯网的发展战略[75]。李倩(2011)以新浪财经、和讯网和中国证券网为例分析网络财经媒体的运营模式[76]。冯春健(2010)分析了金融界网站的盈利模式[77]。史谦夫(2017)结合互联网金融发展态势,制定同花顺软件市场营销战略[78];龚健(2016)分析了同花顺公司的盈利模式[79];张雪琳(2016)研究了同花顺公司的财务战略[80];朱晓文(2017)也以同花顺为例研究了互联网金融信息服务平台商业模式[81];卢琼(2016)从财务分析角度研究了互联网金融信息服务业,以同花顺为例分析其财务报表和财务指标,包括盈利能力、发展能力、营运能力和偿债能力,并与大智慧、东方财富网进行横向对比[82];邵健(2016)以同花顺为例分析了隐性资产价值提升企业绩效的路径问题[83];田开宇(2017)采用EVA估值模型和DCF估值模型对同花顺进行价值评估发现,在互联网金融信息公司的价值评估中,EVA价值评估模型比传统的价值评估模型更有效[84]。冯森(2015)对东方财富信息股份有限公司的运营情况、成长背景、行业环境和主营业务进行分析[85];其实(2015)从长尾理论的视角,以东方财富网为例,深度探究财经新媒体在传播模式上从"内容为主"逐步向"平台为主"的转变,指出财经新媒体的商业模式也将不再仅仅依赖内容,基于平台互动关系的商业模式也是新的获利增长点[86];季莎莎(2016)通过对东方财富互联网金融服务生态系统的分析以及商业模式的研究,总结了互联网金融企业的商业模式及与盈利模式[87]。柯鑫(2016)对东方财富的发展现状进行了详细分析,运用SWOT分析了企业面临的优势、劣势、机会和威胁,对服务、营销策略等方面提出了发展建议[88];姚华威(2017)以东方财富为例研究了互联网企业证券业务发展策略,同时将其与美国E-Trade证券、韩国Kiwoom证券、日本Monex证券等海外线上券商进行对比分析,总结海外线上券商发展的共性规律[89]。王瑞福(2014)采用REVA模型对东方财富网的企业价值进行评估[90];范声焕(2016)使用齐普夫法则对东方财富进行估值[91]。王小辉(2018)分析了东方财富并购同信证券后的短期和中长期绩效,说明并购活动是成功的,并购促进了东方财富的发展[92]。

仓田保雄(1980)在《路透其人和路透社》中介绍了路透社的创业史和公司

的发展转型[93]；Jason Dewland(2010)介绍了 Thomson Reuters 的使命与客户群、主要产品、网站频道情况和竞争对手情况[94]；Ashkenas 和 Burch(2014)分析了 Thomson Reuters 如何创造创新文化[95]。布隆伯格(2001)在自传 *Bloomberg by Bloomberg* 中介绍了 Bloomberg 的创业史和公司的商业模式[96]；Summers(2011)介绍了 Bloomberg 在 2011 年的收购计划和经营计划，包括收购新闻服务机构国家事务局、服务说客、投资 BGov 和 BLaw 在线订阅服务等，指出公司80%的收入来自 Bloomberg 终端[97]。Weil(2017)指出 Bloomberg 以后发之势侵占了 Reuters 首创的金融数据市场，两者竞争非常激烈，相互抗衡，不过 Bloomberg 终端产品比较贵，money.net 和 symphony.com 以低价和操作便捷吸引了一些低端客户，但不足以撼动基金经理们仍首选 Bloomberg 终端产品进行资产管理和控制风险，Bloomberg 的真正威胁可能来自硅谷的谷歌和微软等科技企业[98]。表 1-1 显示了 Thomson Reuters 和 Bloomberg 在 2018 年下半年的 SWOT 分析情况。

表 1-1　Thomson Reuters 和 Bloomberg 的 SWOT 分析

SWOT	Thomson Reuters	Bloomberg
优势	强大的市场地位、经常性业务、多元化产品组合	已经确定的市场地位、广泛的产品和服务组合、强大的数字平台
劣势	流动资金情况	诉讼
机会	推出新产品、云计算市场、战略协定	新的服务、崛起中的全球媒体服务市场、战略伙伴关系
威胁	竞争压力、越来越多地使用免费在线信息源、金融服务行业监管环境的不确定性	竞争市场、公司核心终端业务面临被替代的威胁、严格规定

资料来源：根据 www.marketline.com 网站上的 Thomson Reuters Corporation 报告(2018-11-15)和 Bloomberg L.P.报告(2018-10-15)整理。

WIKI 等网站也有资料介绍 thomsonreuters.com、bloomberg.com 等垂直门户的产品和盈利模式，但较零散，且没有分析它们的信息服务模式选择原因和经营绩效问题。

1.2.4 相关研究述评

从国内外垂直门户的发展来看,理论研究晚于业界实践。本书主要围绕垂直门户、信息服务模式和网络财经垂直信息服务三个方面的相关研究进行文献阅读,对文献总体情况述评如下:

在垂直门户相关研究中,研究内容涉及概念与特征描述、信息服务模式种类、技术实现等;在信息服务模式相关研究中,既有对相关概念的界定、信息服务模式间各要素的关系、信息服务模式技术实现手段、服务模式等宏观层面的研究,也有具体到行业领域微观层面的研究,如在图书馆、档案、医院等公共产品领域的信息服务模式研究;在网络财经垂直信息服务相关研究中,早期对垂直搜索引擎的技术实现方法的研究文献较多,而后有关于财经垂直搜索引擎与通用搜索引擎的比较分析、财经垂直门户的信息内容与结构设计、财经垂直门户的服务评价。近年来,针对某一财经垂直门户的网站建设、运营模式、盈利模式、发展战略等的研究文献越来越多。可见,随着时间的推移,无论是信息服务模式相关研究,还是网络财经垂直信息服务相关研究,都在经历着从重技术的角度研究逐渐走向重管理的角度研究,从重宏观层面的研究逐渐走向重中观、微观层面更细致的研究。对垂直门户的研究只有结合到行业,针对具体的细分领域进行信息服务模式的探索,才具有针对性,才更能凸显实际应用价值。

课题组曾对证券行业网站进行了分类和比较(胡翠华,2006)[99],研究了证券信息服务的商业化运作(胡翠华,2005)[100],证券信息服务营销与顾客资产(胡翠华,2007)[101],从产业价值链的角度分析了证券信息服务模式的构造并使用 SUPER 模型和公共权重 DEA 模型对证券信息公司的服务模式选择进行了研究(胡翠华,2010,2012;胡翠华、夏琼和王小玲,2012)[102-104],这是本课题研究的重要前期基础。Stauss 等(2008)认为在服务运营领域,从历史角度来看,服务经营的研究重点在于企业的效率和服务成本[105]。从企业的经营绩效角度来研究财经信息服务与财经垂直门户的文献很少。考虑到财经垂直门户信息服务模式的选择问题是其商业模式问题的核心内容(即如何通过服务模式的创新最大化企业盈利和顾客价值),针对各种财经信息服务模式的绩效开展评估研究,具有十分重要的意义。

1.3 主要研究内容

财经垂直门户跨越金融业,在电信、媒体、IT等关联产业渗透,围绕着价值创造构造了不同的信息服务模式。本课题研究的思路及主要内容如下所述。

1) 财经垂直门户特征归纳与研究样本的选择

对垂直门户、财经垂直门户、垂直信息服务和网络财经垂直信息服务进行概述和特征分析,并借助 Alexa 网站排名选择研究样本。Alexa 以网站流量统计为标准逐渐成为第三方统计网站的权威认证,邱均平、张洋和赵蓉英(2008)认为它可作为开展网络计量研究的数据来源[106]。本课题研究考虑选取中国、英国、美国在 Alexa 网站排名前 500 的、符合财经垂直门户特征的网站作为研究样本,并进行比较。英国和美国有世界顶级的金融中心,金融产业价值链和集群效应推进了财经垂直门户的早日起步和发展,有标杆作用。考虑到 Alexa 排名测算某国前 500 名网站的规则是测算目前一个月网站日均访问者数和网页流量的综合排名,本课题研究在 2012—2014 年这三年时间内每年选取连续的 30 天作为数据采集期间,对 Alexa 网站排名进行数据采集、分析与整理,找出排名靠前的国内外财经垂直门户,并进行比较分析。为了跟踪这些网站的排名变化情况,本课题研究在 2018 年 10~11 月连续两个月又对上述找出的国内外财经垂直门户排名情况进行统计和比较分析。

2) 国内外知名财经垂直门户的信息服务模式抽取

按照 Lasswell 的 5W 传播模式,财经垂直门户是信息控制者,用户是受众。若这两点相对确定,那么传播内容和媒介(渠道)的多样性则是影响信息服务模式效果的重要因素,而用户接受行为的认知也佐证了 Wilbur Schramm 的"推测性反馈"模式。于是,课题组考虑从信息内容、传播渠道、顾客感知、收费情况等角度对中、英、美三国有代表性的财经垂直门户进行分析,建立信息内容、产品及服务矩阵,再将之与每个研究样本实际提供的进行比较,从企业定位、资源优势、技术实力、管理团队、外部环境等层面挖掘它们提供现有信息产品(服务)的深层次原因;然后把研究样本中有共同特性的整合为财经垂直门户信息服务模式稳定单元,同时从能否带来短期或中长期商业价值的角度来探讨非共同特性的信息产品(服务)的可推广性。

3) 财经垂直门户信息服务模式绩效评估指标设计

国家计委(2003年改组为国家发展和改革委员会)、统计局、财政部等部委在1992—2009年多次提出的绩效评价指标体系,以及金融类国企及国有控股企业绩效评价实施细则,都提出以净利润等财务指标为核心指标。但我国财经垂直门户多是小微型金融科技服务企业,并且对服务模式的绩效评价不等同于对企业整体绩效的评价,因此也就不能完全照搬。《卓越绩效评价准则实施指南》(GB/Z 19579—2012)指出卓越绩效评价从组织概述开始,组织概述显示了组织运营的关键因素和背景状况。卓越组织绩效评价准则包括领导,战略,顾客与市场,资源和过程管理,测量、分析与改进,结果等6个部分。因此,对服务模式进行绩效评估首先需要从服务模式运营的关键因素和背景状况分析开始,要考虑服务模式的战略目标、关键资源、组织管理和各种经营结果。Kaplan和Norton(1992)利用平衡计分卡从财务、顾客、内部经营流程、学习与成长4个维度测量企业绩效[107]。Mark、Clayton和Henning(2008)提出商业模式由顾客价值主张、盈利模式、关键资源以及流程4个模块组成[108]。综合上述观点,考虑到财经垂直门户信息产品(服务)的关键资源是财经信息内容(如是否专业、及时、有效、丰富等)和技术(如是否先进、实用、高效等),课题组从经营前景、内容挖掘、技术开发、客户关系和效益等层面设计财经垂直门户信息服务模式绩效评估一级指标,再围绕着财经信息活动的相关要素设计财经垂直门户信息服务模式绩效评估二级指标,通过德尔菲法调研各二级指标间的依存关系和重要程度,使用网络层次分析法(ANP)计算二级指标权重。

4) 国内财经垂直门户信息服务模式绩效定量测度

本课题研究中所指的效率特指判断投入转化为产出的技术效率,即决策单元的实际生产能力与前沿生产能力的比值。对于技术效率的评价首先由 Farrell(1957)[109]和 Afriat(1972)[110]完成,后人提出的许多绩效评估方法都是以他们的研究为基础,如生产函数评价法、随机前沿分析(SFA)、数据包络分析(DEA)等。当实际观察数据是大量的且具有一定分布规律时,常用生产函数评价法。SFA 是参数方法典型代表,其基本思想是利用生产函数和随机扰动项构造出随机生产前沿。但 SFA 需要考虑生产函数、技术无效率项分布的具体形式,这直接导致模型很难扩展,且 SFA 中使用的极大似然估计法估计出的参数具有大样本的相合性,难以处理多产出问题。DEA 是非参数方法,不需要已知生产前沿的具体形式而只需已知投入产出的数据,就能方便处理决策单元的多产出情况,对样本大小要求不高,因此,课题组选取 DEA 为主要测度方法。考虑到财经垂直门户信息服务模式不是大样本数据,某些观察数据不易获得,课题组结合财经信息活动相关要素的特点分析国内外有影响力的财经垂直门户的业务类型,找到其中可以普遍采纳的作为稳定的业务单元,同时也是 DEA 模型中的决策单元(DMU)。数据采集时采集了 DMU 与二级指标数据,同时考虑到二级指标多且相互间难免有依存关系,课题组对评估指标采用 ANP 方法来计算权重,然后将二级指标数据通过权重计算后获得一级指标数据,选取经营前景、内容挖掘和技术开发作为 DEA 的投入指标,选取客户关系和效益作为产出指标。通过 ANP 方法、经典的 DEA 模型(CCR 模型和 BCC 模型)和改进的 DEA 模型(SUPER 模型和双前沿面 DEA 模型)计算国内财经垂直门户提供的业务类型的效率值,课题组对业务类型和服务模式的排名情况进行数据处理,排序靠前的为较优服务模式的可能性最大。

5) 财经垂直门户信息服务模式选择的相关建议及应用可行性探讨

通过对财经垂直门户信息服务模式绩效的定量测度和比较分析,课题组先给出信息服务模式优选顺序,结合四象限法分析结果给出各服务模式的业务类型选择建议,再从前景理论的角度分析非效率前沿面业务类型的偏移情况;然后基于经典 DEA 模型对各业务类型的效率、投影和灵敏度进行分析;最后列举关键资源的不同情况对财经垂直门户优选服务模式和业务类型进行应用可行性探讨,为我国现有、新建或拟建的同类型门户制定业务策略提供参考。

6) 案例分析

以互联网金融产品在国内外财经垂直门户的发展为例,说明"宝类"互联网金融产品只是财经垂直门户平台服务模式中网上金融交易业务类型的一种具体形式,且具有时效性。随着全球经济趋势和行业经营环境的变化,市场热点会转换,财经垂直门户需要提前"嗅出"市场发展趋势,随市场热点的转换根据选择适合自身资源状况的企业发展服务模式和业务类型。

1.4 研究思路与研究方法

研究思路与使用的研究方法如图 1-1 所示。

1) 文献阅读

阅读并总结归纳国内外关于垂直门户、财经垂直门户、垂直信息服务和网络财经垂直信息服务等相关文献,在前人的研究基础上开展本课题的研究。

2) 比较研究

对比研究贯穿了整个课题研究主体。如在研究财经垂直门户时,进行国内外对比;在抽取信息服务模式时,对财经垂直门户的主要频道,信息内容、产品及服务等进行了大量对比分析;就评估模型的计算结果从 2 种方案、4 个模型这 2 个层面进行对比分析;在相关建议和案例分析部分,也大量采用了对比研究。

3) 定量分析

定量分析是本课题的核心研究方法。采用 ANP 方法进行指标权重的计算;采用经典 DEA 模型(CCR 模型和 BCC 模型)和改进的 DEA 模型(SUPER 模型和双前沿面 DEA 模型,其中双前沿面 DEA 模型是课题组创新性研究算法)对典型的财经垂直门户中有代表性的业务类型进行效率评价与排序,然后找出较优的信息服务模式和业务类型;在经典 DEA 模型的基础上对业务类型

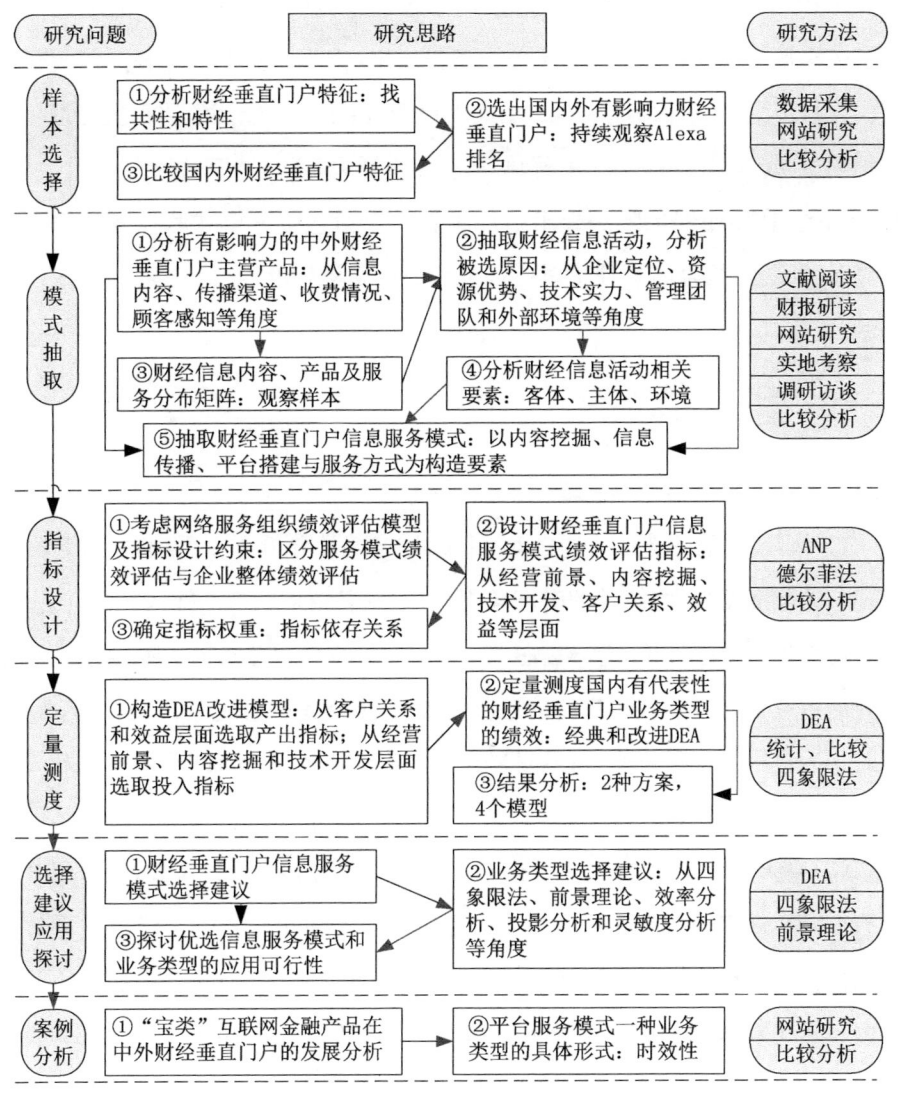

图1-1 研究思路与研究方法

进行效率、投影和灵敏度分析。

4) 决策分析工具

波士顿矩阵（BCG矩阵，也称四象限法）是企业产品规划与组合分析工具，通用矩阵（GE矩阵）是行业投资组合分析工具，这2种工具在企业战略与业务规划时常被使用。在进行业务类型的选择时，课题组借用了GE矩阵的分析思想,按照 BCG 矩阵的结构加以改进,构造各业务类型的四象限分布图,然后把 2 种方案中认可度一致性高的业务类型找出来,为业务类型的选择建议提供参考。前景理论是一种描述性范式的决策模型,由诺贝尔经济学奖得主丹尼尔·卡尼曼(Daniel Kahneman)和阿莫斯·特沃斯基(Amos Tversky)提出,也称 KT 理论。在使用四象限法提出财经垂直门户信息服务模式和业务类型选择建议时,课题组结合前景理论对业务类型进行偏移分析。

1.5 特色与创新之处

本研究的特色与创新之处主要如下:

(1) 研究对象的选取。通过对 Alexa 排名统计分析可以看出,国内财经垂直门户的热度变化大,统计的时间段不一样,排名结果就不一样,若对国内财经垂直门户进行效率评价,差异就很大,研究结果的普适性就差。而由于本课题研究的重点是财经垂直门户的信息服务模式,而不是财经垂直门户本身,Alexa 排名先后次序不是很重要,可尽量避免因 Alexa 排名统计时间段的不一致导致的研究对象的不稳定性。

(2) 使用效率评价的方法研究财经垂直门户的信息服务模式选择,属开拓性研究。在众多的效率评价方法中,DEA 对于营利和非营利组织的效率评价表现出相当明显的优势。DEA 属非参数方法,无需事先假设函数关系,不受人为因素影响,可较客观地得出各决策单元的效率值。效率值的排序可作为决策单元的选择依据。在进行定量测度时,先采用 ANP 方法进行指标权重确定。网络层次分析法比层次分析法能更客观地反映同级指标以及上下级指标间的依存关系,在德尔菲法思想的指导下,得出的指标权重更合理。在 DEA 模型的选择上,分别采用经典的 CCR 模型和 BCC 模型、改进的 SUPER 模型和双前沿面 DEA 模型进行计算。其中,SUPER 模型能得出不同的效率值,有效甄别各个单元,能够衡量有效单元相对于其他单元的优劣程度;双前沿面 DEA 模型不仅关注传统 DEA 模型关注的最优前沿面,还关注最劣前沿面。因此,这 2 种方法较之经典 DEA 模型更为先进、科学。同时把数据按照 2 种方案进行处理，这样 2 种方案下的 4 个模型计算结果再进行比较分析，能相互佐证找到鲁棒性较好的服务模式和业务类型，也能找到差距。ANP 方法与 DEA 模型的结合运用，可有效地发挥 2 种研究方法的优势。

（3）采用合适的决策分析工具进行定性探讨。BCG 矩阵、GE 矩阵、前景理论作为决策分析工具可根据应用场景加以改进。课题组根据网络财经垂直门户信息服务的特征和各业务类型绩效评估的结果，借用 GE 矩阵的分析思想按照 BCG 矩阵的结构加以改进，构造各业务类型的四象限分布图，比较找出认可度一致性高的业务类型，为业务类型的选择建议提供参考；再使用前景理论探讨非效率前沿面业务类型的偏移。这些决策分析工具的改进和应用有理论依据，也对市场经济现象进行了合理的诠释。

2 财经垂直门户信息服务相关界定及特征

2.1 垂直门户界定

门户网站,又称门户,是指一种通向某类综合性互联网信息资源并提供有关信息服务的因特网平台。该平台通过电脑端或手机、平板等手持移动端浏览。1998年,"门户"(portal)在美国出现,意欲"满足每个人的每个需求"。Yahoo!、Excite、WebCrawler等搜索引擎网站仿照美国在线的服务模式,开始给网民提供类似电子邮件、聊天、股票行情、新闻等服务来提高用户"黏度",但很快发现这个目标难以实现(Peek,1999)[111]。随着网民的日益成熟,"以更加集中的内容来吸引更多的网民"成就了垂直门户(vortal)的兴起和发展。1999年,Gartner报告指出垂直门户是网络发展的新趋势。相对于Yahoo!、Sina等综合门户,垂直门户针对某一特定领域、特定人群或特定需求提供有一定深度的信息内容,还为用户搭建社区,提供站内搜索等服务,即开发垂直市场,提供"专、深、精"的信息服务,其重要特征是服务"集中"。O'Leary(2000)认为垂直门户研究的是3C问题,即内容、社区和商务[112]。从每一个层面进行细分,将出现不同类型的垂直门户,如内容层面有财经类、娱乐类、健康类等;社区层面有企业社区、行业社区、地方社区、生活社区等;商务层面有B2B、B2C、C2C等,但更多的则是这些不同划分层面的交叉和融合。在垂直门户越发细分的情况下,其商业价值研究的核心就逐渐演变成了信息服务模式的选择与优化问题,而优化的目标视决策者偏好而定。对于互联网信息服务企业,固定成本相对较大而变动成本相对较小,其生产成本与利润关联性较小,往往将利润最大化作为决策目标。

2.2 财经垂直门户界定

谢明珠(2009)把网络财经媒体分为以传统媒体为依托的财经网站、门户类网站的财经频道、证券信息类财经网站和实务类财经网站四大类[67]。从网站注册的角度来看,门户类网站的财经频道只是综合门户的一个频道,不是独立门户;从网站建设目的来看,大多数早期建设的券商、基金、银行官网等实务类财经网站是为了宣传企业形象而建,网站是企业对外推广的互联网窗口,是成本,不是资产。以传统媒体为依托的财经网站和证券信息类财经网站则与前两者有不同。网络是一种传播渠道,财经网站是财经类传统媒体新的传播途径和利润增长点。证券信息类财经网站是以盈利为目的去建设的,是成本,更是资产。因此,课题组认为,财经垂直门户不是综合门户的定制化、个性化版式(微型门户)或财经频道,也不是某一金融企业(银行、保险、证券或基金公司)官方网站,而是以提供各种财经信息产品或服务为主营业务的行业门户。因此,本课题研究的财经垂直门户主要指以传统媒体为依托的财经网站和证券信息类财经网站两大类。

随着居民收入水平的提高和理财意识的增强,中国金融市场投资者数量从2016年开始超亿,投资者队伍不断壮大,目前,投资者数量超过1.5亿。通过对中国结算网(chinaclear.cn)的数据统计分析,我们整理了近5年每年年末中国金融市场投资者和每年12月份新增投资者的数量变化情况,如图2-1至图2-4所示。图2-1和图2-2显示投资者中超99.7%的是自然人投资者,且自然人投资者的增长幅度与投资者总人数的增长趋势几乎保持一致;非自然人投资者数量也在增长,但增长速度比自然人投资者数量增长缓慢。图2-3和图2-4显示新增投资者数量在下降,其中约99.6%是自然人投资者,自然人新增投资者的下降幅度与新增投资者总人数的下降趋势几乎保持一致,非自然人新增投资者数量呈波浪形变化,总体是下降趋势。

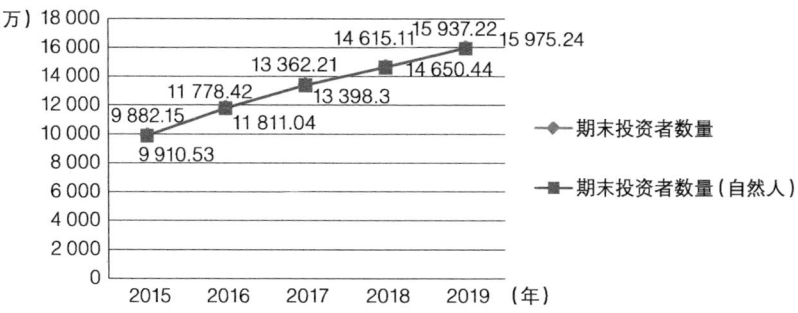

图 2-1　近 5 年中国金融市场投资者数量变化趋势

图 2-2　近 5 年中国金融市场非自然人投资者数量变化趋势

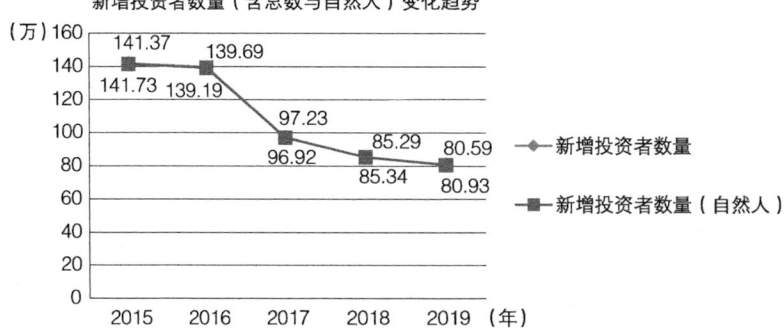

图 2-3　近 5 年每年 12 月份中国金融市场新增投资者数量变化趋势

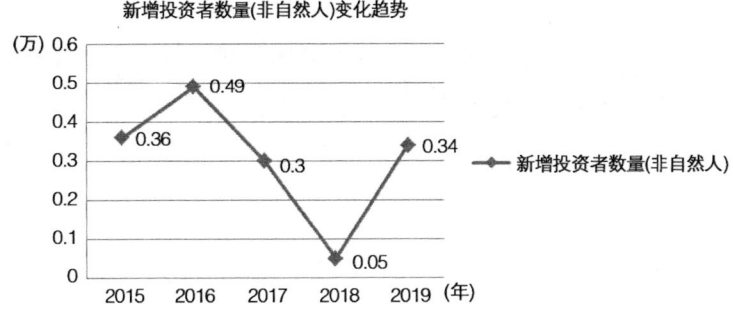

图 2-4 近 5 年每年 12 月份中国金融市场非自然人新增投资者数量变化趋势

自然人投资者数量在中国金融市场节节攀升,投资者对专业财经资讯信息服务的需求也日臻提升,加上互联网的快速普及,财经垂直门户成为人们获得专业、及时的金融和投资理财信息的首要渠道,网络财经信息服务业成为互联网中颇具活力的产业。财经垂直门户面向有财经信息需求的人群提供有一定深度的、序化的、可能更加细分的网络财经信息产品或服务。它既有垂直门户服务集中的特征,也具有独特性:面向中产阶级投资理财,财经信息本身具有特殊价值(商业情报),专业性更强(不可替代性更强),拥有更优质的受众(核心用户专业素质高、黏度强、付费概率大),平台具有大数据特征(4V 特征,即 Volume、Variety、Value、Velocity)和可深度挖掘用户行为数据的基础。

2.3 垂直信息服务特征

垂直信息服务模式是基于垂直门户网络,以用户为中心,在互联网上对某一特定领域信息进行检索、分类、转储,并能为用户提供专业、精确、深入个性化的端到端的服务模式[113]。这种模式要求专业的人员或系统将互联网上海量且离散的信息通过垂直搜索引擎收集、整理和分类后转储到垂直门户中,再根据垂直门户中所记录的用户使用行为、习惯、偏好和特点以及用户的个性化设置信息,分门别类地以主动信息服务技术提交给用户,或被动地被用户检索。

Yahoo!、Sina 等综合门户建设的频道覆盖各行各业，信息内容力争广泛而全面，吸纳尽可能多的受众。而垂直门户则把注意力集中在某些特定的领域或某种特定的需求，提供有关这个领域或需求的全部深度信息和相关服务。在普通大众越来越熟悉互联网，越来越习惯于通过互联网（PC 端或移动端）获取信息和服务的当今时代，这种垂直信息服务的模式也越来越引起人们的关注。

IT 领域的"中关村在线"、体育界的"虎扑 NBA"、致力于新闻时讯的"凤凰网"、购物达人青睐的"淘宝""天猫"和"京东"、财经领域的"东方财富网"等都是典型的让网民消费网络信息或服务时能快速想起的垂直门户。互联网发展到今天，已日趋成熟、专业，并"以人为本"。而垂直门户正是凭借其专业性的信息和服务来吸引、激励消费者，并尽可能地为客户"私人定制"服务模式。垂直信息服务模式不仅为顾客提供全方位立体化的信息服务，还能通过企业提供的信息内容指引顾客消费企业的产品，获得利润，激发创新。

2.4　网络财经垂直信息服务特征

从全球范围来看，财经网络金融业务及信息服务首先是从银行业发展开始的。据权威统计，现今国外商业银行 81% 的利润来自与信息有关的服务，只有 19% 的利润来自存贷利差[114]。从中我们可以看出，市场经济全球化已经从原本的三维立体世界逐渐转向了互联网这一可以称作"第四维空间"的领域[115]。特别是在"互联网+"和"普惠金融"时代，互联网信息服务是财经、金融业今后的新战场和主要发展渠道。

概括地说，财经垂直信息服务的特征就是专一。它只专注于某个特定的领域长期发展，而不追求发展的全面性；它对财经信息进行采集、整合、分类再发布，降低了用户在选择信息时的难度。在信息化方面，财经垂直门户的运营者是某行业的权威人士或专家，他们吸引顾客的手段就是把门户做得更权威、更专业、更精彩[116]。垂直化、细分化是互联网金融财经信息服务的基本发展方向[117]。财经垂直门户网站专注于自己领域，所以取得信息的速度通常快于其他综合性网站。财经垂直门户的网民代表的平均购买力也常常比综合门户高出许多倍。因此,财经垂直门户往往能以比综合门户少得多的访问量赢来更多的关注度乃至收入,而财经垂直门户之间的竞争也越来越激烈,在不断创新与超越的同时也存在恶性竞争的状况。

3 国内外财经垂直门户选取与比较

3.1 数据源选取说明

本书的分析数据来自国际权威的网站流量信息统计公司 Alexa 网站的统计。Alexa 排名采用监控那些下载并安装了 Alexa Tools Bar，且将其嵌入到 IE、FireFox 等浏览器的网民访问网站的情况统计得出，能确保数据的真实性和可靠性。Alexa 以网站流量统计为标准逐渐成为第三方统计网站的权威认证，邱均平、张洋和赵蓉英（2008）认为它可作为开展网络计量研究的数据来源[106]。考虑到 Alexa 排名测算某国 500 强网站的规则是测算日前一个月网站日均访问者数和网页流量的综合排名，为了选取更有代表性的研究样本，我们在 2012—2014 年这三年分别在三个不同的时期（2012.12.21—2013.1.31，记为 T1，代表 2012 年；2013.3.3—2013.4.3，记为 T2，代表 2013 年；2014.4.21—2014.5.21，记为 T3，代表 2014 年）每天相同时间段对 Alexa 统计的中、英、美三国 500 强的网站进行筛选，挑选出符合财经垂直门户特征的网站作为研究样本。选取英国及美国网站的原因在于英国、美国有世界顶级的金融中心，金融产业价值链和集群效应推进了财经垂直门户的早日起步和发展，有标杆作用。通过这种纵向（同一网站不同时期的排名变化）和横向（不同网站之间排名变化）的比较，我们能够较为清晰地判断哪些网站稳定性较高，哪些网站受全球经济趋势变化和行业经营环境变化等影响小，初步推断我国财经垂直网络信息服务的现状、特点，以及与发达国家相比存在的差距。为了跟踪对比前三个时间段网站排名变化情况，在 2018.10.1—2018.11.30 这段时间，课题组对前述网站的 Alexa 排名情况使用相同方法再次进行统计,并把 Alexa 排名结果记为 T4。

3.2 国内财经垂直门户排名

在 T1、T2 和 T3 这三个不同统计时段,我们对每天采集的网站排名数据进行平均,得到三个时间段的网站平均排名情况,如表 3-1 所示。表 3-1 中,数字越小表示排名越靠前,"—"表示该时间段没有出现在 Alexa 中国网站排名 500 强(下同)。

表 3-1 Alexa 中国网站平均排名情况

序号	网站名称	网址	T1	T2	T3	T4
1	和讯网	homeway.com.cn（后来新增域名 hexun.com）	47	53	125	202
2	东方财富网	eastmoney.com	93	104	114	218
3	中国经济网	ce.cn	106	81	71	1 435
4	金融界	jrj.com.cn	124	109	57	59
5	证券之星	stockstar.com	190	141	90	12 599
6	财经网	caijing.com.cn	230	340	44	39
7	全景网	p5w.net	289	306	93	5 921
8	中金在线	cnfol.com	294	321	479	3 101
9	股城网	gucheng.com	438	370	—	3 589
10	中国金融网	zgjrw.com	447	478	327	无法访问,未显示排名
11	价值中国	chinavalue.net	449	494	—	20 541
12	财新网	caixin.com	451	496	340	1 313
13	同花顺	10jqka.com.cn	452	499	335	512

(续表)

序号	网站名称	网址	T1	T2	T3	T4
14	财界网	17ok.com	461	—	83	54
15	华讯财经	591hx.com	—	—	362	25 690
16	证券时报网	stcn.com	—	—	441	9 469
17	中证网	cs.com.cn	—	—	474	4 162
18	外汇通	forex.com.cn	—	—	430	能访问,未显示排名
19	银率网	bankrate.com.cn	—	—	391	2016年8月1日后关停

因T4变化较大,为了更直观地展示网站排名变化情况,我们采用条形图呈现只显示前3个时间段的结果,如图3-1所示。

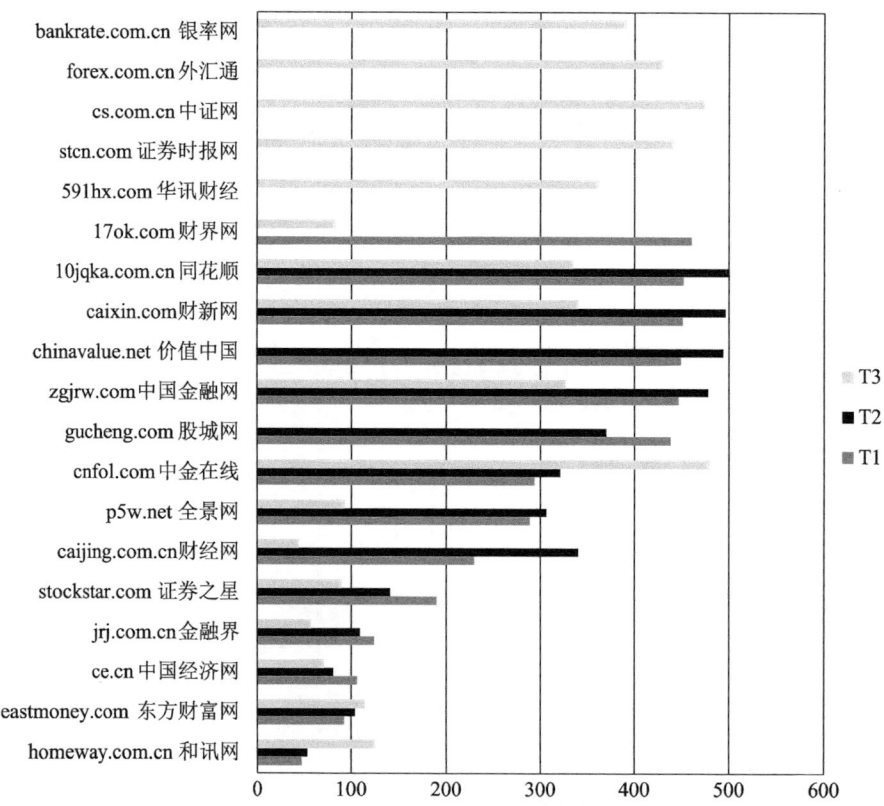

图3-1　Alexa中国网站平均排名条形图

2012—2014年这三年间Alexa中国网站数据统计结果显示：①和讯网、东方财富网、中国经济网、金融界、证券之星、财经网、全景网、中金在线、中国金融网、财新网和同花顺等11个网站稳定地出现在中国网站排名500强，并形成A、B、C三个梯队。A梯队：和讯网、东方财富网、中国经济网、金融界和证券之星，它们的排名稳居200强；和讯网和东方财富网近三年平均排名最靠前，但略有下滑趋势，并以和讯网最甚；中国经济网、金融界和证券之星排名稍后，但人气稳步上升。B梯队：财经网、全景网和中金在线的排名居于前200～400名，波动可能性很大，并以财经网最甚（财经网在2014年的统计排名第一）。C梯队：中国金融网、财新网和同花顺，这3个网站的平均排名基本居于前400～500名，并且近三年的波动幅度一致，在2013年人气不足，在2014年人气迅速上升到前300名左右。②股城网、价值中国和财界网这3个网站在3个统计时段出现了2次，被网民认可程度变化很大。股城网与价值中国在2012年和2013年的排名变化刚好相反，股城网人气上升，价值中国人气下降，但在2014年都落到了前500名之外；财界网在2012年位于C梯队，2013年落到了前500名之外，但2014年抢占A梯队。③华讯财经、证券时报网、中证网、外汇通和银率网等5个网站在2014年突飞猛进，勇抢中国网站前300～500名，得到了更多网民的关注。

在最新跟踪的Alexa排名统计数据T4中可以看出：①前述19个网站仅有和讯网、东方财富网、金融界、财经网、财界网这5个排名在中国网站500强，其中和讯网、东方财富网、金融界来自A梯队；财经网来自B梯队；财界网不在三个梯队之列，但2014年进步神速，排名前100名，在2018—2019年更是接近前50名。②原来稳步上升的A梯队中的中国经济网和证券之星在2018—2019年下降到了前1 000名之外，尤其是证券之星的排名一落千丈，在万名以后。③原来稳定在B梯队的全景网和中金在线下滑到了前3 000名以外，其中全景网是跳跃性下滑，中金在线是直接下滑。④原来C梯队的财新网下滑到了前1 000名之外，同花顺刚滑到前500名之外，中国金融网则是在80%的统计期间无法访问网站，也没有显示排名情况。⑤不在A、B、C梯队的股城网、价值中国、华讯财经、证券时报网、中证网等网站前几年就排名不稳定,最新排名都是在3 000名开外,有些甚至在2万名之后;外汇通网站能访问,但是没有排名信息;银率网则是在2016年8月1日后因资方不再投资,直接关停。

3.3 国外财经垂直门户排名

按照同样的方法,在T1、T2和T3这3个时间段,我们分别对美国和英国的网站排名进行了数据采集,并得到3个时间段的网站平均排名情况,如表3-2和表3-3所示。值得说明的是,Alexa美国网站排名前500名中,capitalone.com、fidelity.com、usaa.com、discovercard.com和pnc.com等5个金融企业官网在这3个时间段都出现在前300名,tdbank.com、capitalone360.com和suntrust.com等3个银行网站在T3时间段出现在前400~500名,这说明美国的金融企业官网也是美国网民获取财经信息服务的重要渠道,与中国的金融网站情况相似,但按照前述对财经垂直门户的界定,我们不把此类企业作为研究对象。

表3-2 Alexa美国网站平均排名情况

序号	网站名称	网址	T1	T2	T3	T4
1	Wall Street Journal	wsj.com	123	123	121	151
2	Thomson Reuters	thomsonreuters.com	210	239	204	314
3	Bloomberg	bloomberg.com	266	256	231	217
4	CNBC	cnbc.com	287	250	249	136
5	Market Watch	marketwatch.com	350	336	236	252
6	Bankrate	bankrate.com	—	414	338	764

表 3-3　Alexa 英国网站平均排名情况

序号	网站名称	网址	T1	T2	T3	T4
1	Money Saving Expert	moneysavingexpert.com	72	62	53	90
2	Money Supermarket	moneysupermarket.com	239	194	198	275
3	FT	ft.com	276	286	202	1 787
4	Thomson Reuters	thomsonreuters.com	332	359	227	558
5	Ibtimes	ibtimes.co.uk	—	—	289	20 394
6	Bloomberg	bloomberg.com	—	—	309	433

为了更直观地展示网站排名变化情况,我们编制了条形图,分别如图 3-2 和图 3-3 所示。

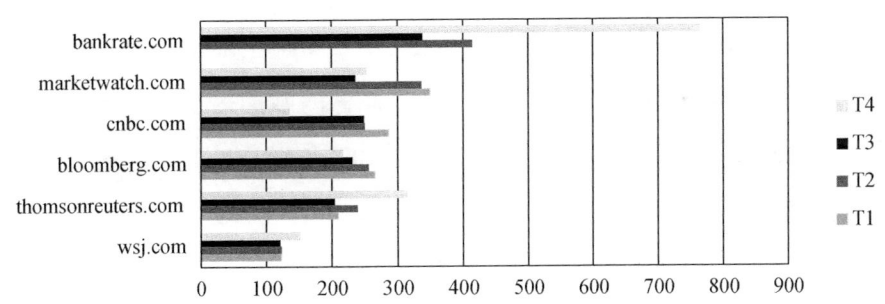

图 3-2　Alexa 美国网站平均排名条形图

2012—2014 年这三年间的 Alexa 美国网站数据统计结果显示:①wsj.com、thomsonreuters.com、bloomberg.com、cnbc.com 和 marketwatch.com 稳定地出现在美国网站排名前 400 名,并且各网站的名次排序和变化幅度不大。②wsj.com 人气最旺,排名前 150 名,thomsonreuters.com、bloomberg.com、

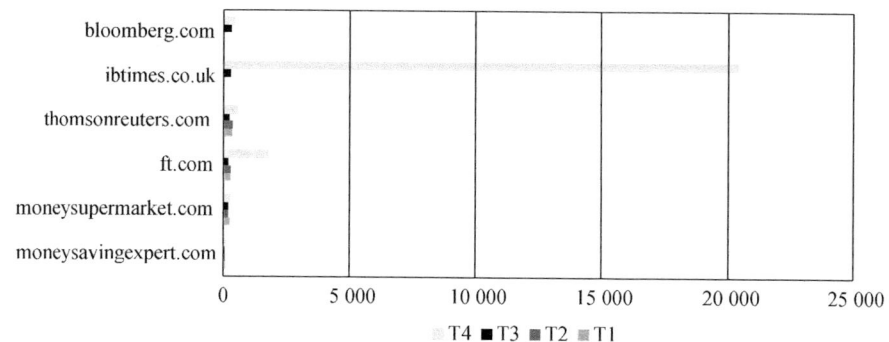

图 3-3　Alexa 英国网站平均排名条形图

marketwatch.com 和 cnbc.com 人气尚可,在前 200～350 名,其中 bloomberg.com 和 marketwatch.com 受网民欢迎的程度逐年上升,并且后者变化最为显著。③bankrate.com 从 2013 年开始挤入前 500 名,2014 年提升到前 350 名以内。

2012—2014 年这三年间的 Alexa 英国网站数据统计结果显示:①moneysavingexpert.com、moneysupermarket.com、ft.com 和 thomsonreuters.com 稳定地出现在英国网站排名前 400 名,并且各网站的名次排序没有变化。②moneysavingexpert.com 人气最旺,在前 100 名以内,且名次逐年提升。③moneysupermarket.com、ft.com 和 thomsonreuters.com 的排名在前 150～400 名,近两年 moneysupermarket.com 排名变化幅度不大,ft.com 和 thomsonreuters.com 的名次在近三年都是先下降后提升。④ibtimes.co.uk 和 bloomberg.com 在 2014 年得到英国网民的欢迎,都在 300 名左右。

在最新跟踪的 Alexa 排名统计数据 T4 中可以看出:①美国 wsj.com、thomsonreuters.com、bloomberg.com、cnbc.com 和 marketwatch.com 依然稳定地出现在美国网站排名前 400 名,各网站的名次排序有变化,但变化幅度并不大。②wsj.com 依然人气很旺,排名在 150 名左右;bloomberg.com 和 cnbc.com 都有上升,后者上升最快;thomsonreuters.com 和 marketwatch.com 稍有

下滑,前者下滑较快。③bankrate.com 在前期属于积极进取型的,但在 2018—2019 年下滑较快,已经不在美国前 500 名。④moneysavingexpert.com 和 moneysupermarket.com 是英国比较受欢迎的财经垂直门户,稳居英国前 300 名,只是排名稍有下滑。⑤前几年热度较高的 ft.com 下滑较快,到了前 1 000 名之外。⑥2014 年挤入英国前 500 名的 ibtimes.co.uk 下滑最快,被抛到前 2 万名之外。⑦在英国和美国都有影响力的 thomsonreuters.com 和 bloomberg.com 在英国都遭挫,尤其是前者,已经在前 500 名之外。不过,thomsonreuters.com 和 bloomberg.com 不仅在美国、英国有影响,在加拿大和日本都有较大的影响,reuters 在加拿大和日本排名都在前 500 名,bloomberg.com 在加拿大排名前 300 名。可以说,他们依然是全球影响力较大的财经垂直门户。考虑到 thomsonreuters.com 和 bloomberg.com 在 Alexa 美国和英国的网站排名中都出现了,且在美国的排名比英国的靠前,因此在具体分析时将它们归为美国网站。

3.4　国内外财经垂直门户比较

　　Alexa 网站上中国、美国和英国 2012—2014 年这三年间三个不同时间段的网站排名情况统计显示:①中国和讯网等 19 个财经垂直门户、美国 Wall Street Journal 等 6 个财经垂直门户、英国 Money Saving Expert 等 4 个财经垂直门户备受当地网民欢迎。②从网站数量上看,中国远远高于美国和英国,这说明中国的财经信息服务市场处于激烈竞争阶段,还没有形成"赢家通吃"的格局。③从网站排名情况看,美国、英国几乎所有的财经垂直门户都稳定地排在该国网站前 400 名,而中国仅和讯网、东方财富网、中国经济网、金融界、证券之星、财经网和全景网 7 个网站相对稳定地排在前 400 名,其他 12 个网站排名波动性很大,这说明美国、英国财经垂直门户在当地有较为稳定的受众,并且受众(网民)对财经信息服务有较高的市场需求。④从名次波动情况看,这三年来美国、英国的财经垂直门户 Alexa 排名几乎没有变化,而中国的排名次序则变化较大,甚至排名稳定在前 400 名以内的 7 个网站亦是如此,这说明美国、英国的财经垂直门户经营得较为成熟或有特色,而中国财经垂直门户则经营不稳定,网站之间雷同度高,特色不够鲜明,很容易被竞争对手模仿和超越。

通过跟踪前述 29 个网站的 Alexa 最新排名统计情况,我们发现 2018—2019 年的统计数据基本佐证了 2012—2014 年的网站统计分析结果:①中国财经垂直门户竞争非常激烈,经过六七年的优胜劣汰,有一定影响力的基本浮出水面,如和讯网、东方财富网、金融界、财经网和财界网等,但依然没有形成"赢家通吃"的局面。②有影响力的美国财经垂直门户保持了较好的稳定性,如 Wall Street Journal、Thomson Reuters、Bloomberg、CNBC、Market Watch 等。③有影响力的英国财经垂直门户总体稳定,但也经历了波动,领先的只有 Money Saving Expert 和 Money Supermarket。④提供传统新闻出版服务发展起家的财经垂直门户和从提供财经信息起家的垂直门户更容易持久性地黏住网民,如和讯网、财经网、Wall Street Journal、Thomson Reuters、CNBC、Market Watch 等都有传媒背景,而东方财富网、金融界、财界网和 Bloomberg 等在创建初就定位于提供财经垂直信息和服务。⑤有深度个性化特色的国内外财经垂直门户在网民中的受欢迎程度有较大出入。例如,股城网、价值中国、外汇通等近几年在中国发展缓慢,没有得到网民的持续"追捧";而英国的 Money Saving Expert 和 Money Supermarket 则持续得到网民的青睐。再如,在美国发展萎靡的银率网,在中国甚至直接停止运营。

3.5 有影响力的国内外财经垂直门户简况

以下是对国内外有影响力的 12 个财经垂直门户的公司成立时间、域名注册、上市情况和企业背景进行简要介绍。同时,为了后文表述方便,课题组对各门户定义相应简称,如表 3-4 所示。

3 国内外财经垂直门户选取与比较

表3-4 有影响力的国内外财经垂直门户企业背景

序号	网址	简称	公司成立时间	成立年数	域名注册时间	上市情况	企业背景
1	thomsonreuters.com（US）	TRI	1851年	168	1993-06-03	先在英国伦敦交易所和美国NASDAQ上市,后撤离到加拿大多伦多和美国纽约交易所上市,代码：TRI	全球规模最大的新闻出版机构,成立汤森路透社,在全球有150多个分支机构,提供各种商业、金融、财经信息和数据服务。提供路透中文网：cn.reutersmedia.net
2	wsj.com（US）	WSJ	1889年	130	1994-05-26	没有上市	华尔街数字网络旗下,背靠美国付费发行量最大的财经报纸《华尔街日报》,2002年推出中文版（网址为cn.wsj.com）,2007年被新闻集团收购,提供深度财经信息
3	bloomberg.com（US）	BB	1982年	37	1993-09-29	没有上市	全球最大的财经资讯服务提供商,成立彭博新闻通讯社,终端在全球有影响力、高层参政,仅用22年就将金融数据市场的销售收入超越了具有160多年历史的、世界上最大的资讯公司路透集团
4	cnbc.com（US）	CNBC	1989年	30	1997-09-30	没有上市	全球商业领域第一网络。前身是美国NBC环球集团所持有的全球性财经广播,电视卫星新闻台,是全球财经媒体中公认的佼佼者,1986年被GE收购,1989年更名为CNBC。2015年推出中文版china.cnbc.com

(续表)

序号	网址	简称	公司成立时间	成立年数	域名注册时间	上市情况	企业背景
5	moneysupermarket.com(UK)	MSM	1993年	26	1999-11-11	在多个交易所上市,伦敦证券交易所代码:MONY.L;柏林证券交易所代码:MONY.BE;法兰克福证券交易所代码:MONY.F;2007年被纳入FTSE 250	从商业质押贷款公司发展而来,目标定位是帮助消费者省钱,旗下有moneysupermarket、moneysaving、travelsupermarket三个子品牌,致力于为用户提供增加他们财富的服务、工具和产品
6	marketwatch.com(US)	MW	1997年	22	1997-07-31	没有上市	道琼斯公司旗下新闻网站,关注重大新闻,面向散户投资人,是全球领先的商业新闻、评论、个人金融信息及投资工具和数据提供商,且拥有与哥伦比亚广播公司合作背景
7	moneysavingexpert.com(UK)	MSE	2003年	16	2002-06-10	母公司Money Supermarket上市	英国最大的个人比价网站,宗旨是向用户提供最好的省钱指南、技巧、工具和技术,但不包括理财建议、服务。2012年被moneysupermarket收购,但独立运营
8	和讯网(homeway.com.cn,后注册hexun.com)	HX	1996年	23	1997-04-22,2003-08-25	母公司旗下拥有香港上市公司"财讯传媒",代码:00205	中国证券市场研究设计中心(联办)集团的下属公司,联办旗下有《财经》证券市场周刊》等多家杂志媒体。从中国早期金融证券资讯服务脱颖而出,是中国第一个财经资讯垂直门户

（续表）

序号	网址	简称	公司成立时间	成立年数	域名注册时间	上市情况	企业背景
9	金融界(jrj.com.cn)	JRJ	1999年	20	1999-08-03	2005年在美国NASDAQ上市"中国金融在线集团"，代码：JRJC	由美国IDG、新加坡VERTEX、CAST等共同斥资组建，中国领先的金融和证券资讯提供商，全球最大的中文财经网站之一，是目前中国唯一在美上市的财经类门户。收购巨灵财经、证券之星、香港日发金融
10	东方财富网(eastmoney.com)	EM	2004年	15	2002-08-13	2010年在深圳创业板上市"东方财富"，代码：300059	提供财经信息起家，并购同信证券、香港宝华世纪证券，持股期货、证信小贷、支付、私募和公募基金等业务。通过东方财富网、天天基金网站提供财经资讯，构建一站式互联网金融服务生态圈
11	财经网(caijing.com.cn)	CJ	2008年	11	1999-11-08	母公司旗下拥有香港上市公司"财讯传媒"，代码：00205	有知名传媒杂志《财经》背景。积极构建以财经证券、金融管理、投资理财内容与服务为主的信息平台。财经新闻原创多、品质高
12	财界网(17ok.com)	17ok	2007年	12	2002-08-06	2015年在新三板上市"网高科技"，代码：831940	2008年在中华股民网的基础上更名。以资讯传播与研究平台为基础，以资源共享、市场营销、渠道整合为支撑，不断进行内容、技术和服务创新

注：成立年数统计截至2019年。

4 财经垂直门户信息服务模式的抽取

4.1 财经垂直门户信息服务模式构造分析思路

陈建龙(2003)提出信息服务有三种基本模式,包括传递模式、使用模式和问题解决模式[36],这对于行业性的信息服务模式研究非常有指导意义。陈建龙(2003)认为"信息用户、信息服务者、信息服务内容和信息服务策略等四个要素是信息服务的主要组成部分,是任何信息服务活动都存在的组成部分,只是彼此的关系程度和作用方式不尽相同。这些要素及其相互关系也就成了区别不同模式的主要依据。"[36]据此,财经信息服务的基本要素包括财经信息用户、财经信息服务者、财经信息服务内容和财经信息服务策略。但财经信息服务活动涉及很多具体形式。邬焜和罗丽(2018)指出实践活动的完整形式是一个多级信息环链反馈运行的过程,主体的目的性信息最终在客体中得以实现,改变了客体的结构和状态,使之符合人的目的设计的作品。[118]胡翠华(2009)曾将证券信息活动从客体、主体和环境三大产生要素进行分析[119]。本书也借鉴这一方法分析财经信息活动的产生要素,将财经信息活动划分为财经信息客体、主体和环境三大要素。财经信息服务内容是财经信息客体,财经信息用户是财经信息主体,财经信息服务者也是财经信息主体,但可能涉及财经信息服务生产者、组织者、传播者或销售者。财经信息环境是围绕着财经信息主体和客体并对其会产生某些影响的所有外部空间、条件和状况。财经信息服务策略是一种财经信息环境,它根据财经信息所处环境的不同有针对性地制定的若干服务方案、方式或方法。它可能涉及各财经信息主体和客体,但服务的中心应是财经信息用户。下面我们将先对有影响力的国内外财经垂直门户的主要频道,财经信息内容、产品及服务逐一进行细分,然后提取主要的财经信息活动并对其选择原因进行剖析,再从这些活动所涉及的客体、主体和环境要素角度进行挖掘,探索财经垂直门户信息服务模式构造所需的基本要素。

4.2 有影响力的国内外财经垂直门户内容分析

按照Lasswell的5W传播模式,财经垂直门户是信息控制者,用户是受众。若这两点相对确定,那么传播内容和媒介(渠道)的多样性则是影响信息服务模式效果的重要因素。而用户接受行为的认知也佐证了Wilbur Schramm的"推测性反馈"模式。于是,我们通过对12个有影响力的国内外财经垂直门户的网站频道、资讯内容的浏览与产品的体验,从信息内容、传播渠道、收费情况与顾客感知等4个方面进行分析,分析结果如表4-1所示。

表4-1 有影响力的国内外财经垂直门户主营信息内容、产品及服务分析

财经垂直门户	主营信息内容、产品及服务	传播渠道	收费情况	顾客感知
TRI	提供行业解决方案,包括法律内容与专业服务、新闻与媒体服务、税务与会计技术、指导与专业服务;提供组织解决方案,包括公司和政府决策;提供深度专题服务(如Eikon风控)和研究报告,包括AI、大数据、区块链、数据保密、全球贸易等	路透通讯社,电视,电传,软件(如CLEAR在线调查软件、云会计软件、CS工具箱等)、Reuters Connect平台,深度研究报告和解决方案,咨询、培训	网站、电视免费,其他收费,部分产品可申请试用	市场地位强大;高品质资讯、专业服务;网站也有深度资讯,紧跟时代潮流。中国用户有时无法访问网站
	广告服务	120多个国家,所有平台	收费	

(续表)

财经垂直门户	主营信息内容、产品及服务	传播渠道	收费情况	顾客感知
WSJ	提供国际、经济、金融市场、商业、科技等新闻及深度分析;提供个人理财、专栏与观点、生活艺术、房产等频道;提供科技博客、图片、视频、播客等;还根据语言的不同提供本土国家深度新闻	报纸,网站,移动设备(移动App,多个微信公众号)	报纸收费;网站内容部分免费,深度阅读需要付费;移动设备应用部分内容免费	深度、权威的商业资讯,被认为是商业决策者传递信息的有效平台。中国用户有时无法访问网站
	广告服务	多平台	收费	
BB	彭博专业™服务、彭博自由型(Bloomberg Anywhere);新闻、财经数据及资讯;行业研究;《彭博商业周刊》《彭博市场杂志》《彭博诉讼》等杂志;彭博直播(Bloomberg LIVE);彭博慈善(Bloomberg Philanthropies);新能源财经	彭博新闻社,彭博终端(terminal),电视,广播,移动设备(移动App,多个微信公众号),网站,杂志(《彭博商业周刊》《彭博市场杂志》《彭博诉讼》)	终端收费;电视、广播免费;部分移动端、网站平台内容免费;杂志印刷版收费	市场地位强大;高质量资讯、专业服务;终端市场覆盖率高,价格贵;网站只能看到部分免费内容。中国用户有时无法访问网站
	广告服务	120多个国家,所有平台	收费	
CNBC	提供全球行情数据、市场、商业、投资、技术、政治等资讯;提供时事报道、专题报告;播客;提供音频、视频,进行实时市场分析	网站,CNBC Pro,广播,邮箱,移动设备(有 iOS、Android和Windows客户端,以及Apple Watch、Apple TV客户端);网络-独家直播视频和分析金融工具。CNBC电视台有美国、亚太、欧洲、中东和非洲、全球和高清频道	网站、广播、电视、部分移动设备免费;CNBC Pro高级会员服务收费,能享受桌面/移动版提供的CNBC节目直播、独家视频内容、全球市场数据和分析	拥有空前数量的视频;新闻报道通过文字、视频、音频结合展现。网站内容特别是视频提取速度快
	广告服务	多平台,全球电视频道超3.85亿户家庭受众	收费	电视频道覆盖率高

(续表)

财经垂直门户	主营信息内容、产品及服务	传播渠道	收费情况	顾客感知
MSM	提供与保险、理财、能源、宽带、手机与旅游相关的比价信息、指南。包括：汽车、摩托车、驾驶员等相关车险及汽车金融信息，家庭保险、房屋保险、钻石保险、宠物保险等居家保险信息，以及人寿、商业、医疗、旅游等保险信息；信用卡、租赁、抵押、贷款等财富信息；汽油、电动车等能源相关信息；宽带、手机和电视等买卖信息；旅游度假相关信息	网站,邮箱	网站信息免费,比价后链接到交易界面就进入合作方平台	与网民生活密切相关的各种比价信息,提供信息入口
	广告服务	网站,邮箱	收费	
MW	提供最新新闻、观察、市场、投资、经济、个人理财、退休、不动产、娱乐、视频信息。虚拟证券交易游戏	网站,移动设备(移动App,微信公众号),邮箱	网站信息免费;部分信息需要登录后浏览	市场信息报道及时；中国用户有时无法访问网站,特别是图片、视频；多层链接体验差
	广告服务	多平台	收费	
MSE	提供各种信用卡与贷款、保险、旅游与汽车、抵押与居家存款理财、家用电器与手机、购物、收支管理等的省钱技巧和工具；提供各种优惠券信息；互动社区、微博、理财教育；学生省钱技巧等	网站,邮箱,微信公众号(内容更新慢)	网站信息免费,比价后链接到交易界面就进入合作方平台	省钱专家,从人群细分提供省钱技巧;省钱交流平台很受欢迎;信息方便地分享到facebook、twitter等社交平台
	广告服务	网站,邮箱	收费	

(续表)

财经垂直门户	主营信息内容、产品及服务	传播渠道	收费情况	顾客感知
HX	新闻、时事、股票、基金、行情、保险、信托、理财等资讯与数据、科技、原油、汽车、房产等信息，论坛、直播与名家推荐；游戏；海外；互联网金融信息及理财客服务；播客；专题活动；炒股、期货模拟大赛；视频；和讯通舆情预警服务；理财课程视频	网站，移动设备（移动App，十个微信公众号），和讯通财经端，视频，专题活动	网站、移动资讯免费；视频限时免费；专题活动赞助；理财客、放心保等金融服务收费；和讯通收费	资讯丰富，覆盖面广；专题活动多，视频公开课多
	广告服务	多平台	收费	
JRJ	提供财经、专题、评论、房产、汽车等财经资讯，股票行情、资讯与分析，银行、保险、信托、债券等理财信息及服务，行情与专题数据，论坛、播客、直播与视频等互动服务，模拟炒股	网站，移动设备（移动App，十个微信公众号），网贷平台，金融界证券通	网站、移动资讯免费；视频免费；涨停课、投顾课程收费；盈钱包、盈利宝、网贷等金融服务收费	以股市信息为主，与多券商联盟提供一站式资讯交易平台；智能投顾方面有优势
	广告服务	多平台	收费	
EM	提供股市行情数据，国际国内财经新闻与资讯，股吧、博客、财富号、访谈、银行、保险、信托、债券、基金等理财信息及服务，研报、汽车、彩票、搜索、培训；视频；交易类大数据平台（模拟投资组合）	网站（东方财富网和天天基金网），移动设备（移动App，几十个微信公众号），Choice数据终端，证券、基金、公募、私募、期货、小贷等金融实务，股吧	网站、移动基础资讯与服务免费；视频免费；Level2、投资大师等高性能版收费；"活期宝"金融服务收费	从财经信息走向金融实务，延长了互联网金融信息服务产业链；金融牌照齐全；股吧人气足
	广告服务	多平台	收费	

(续表)

财经垂直门户	主营信息内容、产品及服务	传播渠道	收费情况	顾客感知
CJ	宏观、证券、金融、产经等财经资讯,汽车、地产、科技、创投、原创等深度分析,领航高层观点、生活、图片、名人专栏;财经会议,财经商城(期刊、电子杂志),舆情	网站,移动设备(手机版、财经网 App、Kindle 版、微信公众号)、《财经》《哈佛商业评论》等杂志	网站、移动资讯免费;纸质版杂志收费;电子杂志收费;专题活动赞助	大财经资讯,面向高端决策者的深度分析;原创、领航是优势;提供英文版,但更新稍慢;图片库更新慢
	广告服务	多平台	收费	
17ok	财经、股票、理财、基金、新三板等市场资讯,互联网金融信息、健康信息、千股吧、基金岛等互动平台,证保通互联网投资者教育;手机电视、舆情服务、品牌推广、网站制作	网站,移动设备(财界新闻 App、今日财界 App、证保通 App、微信公众号)、短信 SMS 服务	网站、移动资讯免费、短信 SMS 服务收费;舆情服务、品牌推广、网站制作收费	资讯少,简短,观点犀利;收集券商、投资机构、咨询公司、媒体等的稿件并选择性发布;资讯传播与资源整合;互动平台运行提取数据困难、搜索结果查准率低;手机电视、千股吧、基金岛打不开
	广告服务	多平台	收费	

4.3 财经信息内容、产品及服务分布矩阵

把前述 12 个有影响力的财经垂直门户所提供的主要信息内容、产品及服务进行归类提取,我们找到了 40 种不同的财经信息内容、产品及服务,然后用矩阵的方式列出这些财经信息内容、产品及服务在 12 个财经垂直门户的呈现情况。如果呈现,则在对应的单元格中标 1,否则标 0,从而建立财经信息内容、产品及服务分布矩阵,如表 4-2 所示。

表4-2　财经信息内容、产品及服务分布矩阵

序号	信息内容、产品及服务	TRI	WSJ	BB	CNBC	MSM	MW	MSE	HX	JRJ	EM	CJ	17ok	合计
1	财经新闻、市场信息、政策等一次信息展示	1	1	1	1	1	1	1	1	1	1	1	1	12
2	原创资讯	1	1	1	1	1	1	1	1	1	1	1	1	12
3	加工资讯	1	1	1	1	1	1	1	1	1	1	1	1	12
4	政府、高层观点									1		1		2
5	行业、组织解决方案(咨询服务)	1												1
6	深度专题服务	1	1	1	1	1			1	1	1	1	1	10
7	研究报告	1		1	1		1	1	1	1	1	1		9
8	股市行情、数据		1		1		1	1	1	1		1	1	8
9	银行、基金、保险等理财信息	1	1	1	1	1	1	1	1	1	1	1	1	12
10	网上证券、基金等交易				1				1	1				3
11	生活、休闲、娱乐、退休		1		1	1			1	1	1	1	1	9
12	专题会议、活动		1	1						1		1	1	6
13	图片库		1		1		1		1					4
14	视频、直播、手机电视				1		1	1	1	1	1	1	1	8
15	慈善活动			1										1
16	汽车、房产、原油、能源	1	1	1	1	1			1	1	1	1		9
17	新科技		1				1	1	1	1	1	1	1	9
18	比价信息、优惠券					1							1	2
19	模拟投资						1		1	1	1			4
20	投资者教育	1			1			1	1	1			1	6

(续表)

序号	信息内容、产品及服务	TRI	WSJ	BB	CNBC	MSM	MW	MSE	HX	JRJ	EM	CJ	17ok	合计
21	理财课程视频													3
22	微博、博客	1	1					1	1	1	1	1	1	7
23	播客		1	1					1					3
24	互动社区	*	*	*	*	*	*				1	1	1	6
25	理财技巧,工具				1			1		1	1	1	1	7
26	彩票									1	1			2
27	搜索	1	1	1	1	1		1	1	1	1	1	1	12
28	舆情服务								1		1	1	1	4
29	网站制作										1			1
30	广告服务	1	1	1	1	1	1	1	1	1	1	1	1	12
31	电视	1		1	1									3
32	广播	1		1	1									3
33	纸媒(报纸、杂志)		1	1					1	1		1		5
34	电子杂志										1	1		2
35	通讯社	1										1		2
36	移动App		1	1	1	1	1		1	1	1	1		9
37	微信公众号		1	1		1			1	1	1	1	1	9
38	软件客户端	1		1	1	1			1		1	1		7
39	邮箱	1			1	1					1	1	1	6
40	SMS												1	1

注：* 表示网站本身不提供互动社区,但每篇资讯都可以链接到 Facebook、Twitter、Linkedin、G＋、YouTube 等社交平台进行交流,或者通过邮件、网站进行交流。

我们把上述 12 个有影响力的财经垂直门户提供的信息内容、产品及服务进行汇总,以每多 3 个网站为一个增长周期进行分区,得到 4 个分区,然后再对这些信息内容、产品及服务进行归类,结果如表 4-3 所示。

表 4-3 财经垂直门户提供的信息内容、产品及服务归类

分区	网站数	信息内容、产品及服务	归类
1	1~3	政府、高层观点,行业、组织解决方案,网上证券、基金等交易,慈善活动,比价信息,优惠券,理财课程视频,播客,彩票,网站制作,电视,广播,电子杂志,通讯社,SMS	资源型产品;核心竞争力信息、产品或服务;个性化产品或服务(有些能带来收益,有些很边缘,不确定是否能带来收益)
2	4~6	专题会议、活动,图片库,模拟投资,投资者教育,互动社区,舆情服务,纸媒(报纸、杂志),邮箱	内容包装型产品;引导型产品或服务;资源型产品;平台交互型产品
3	7~9	研究报告,股市行情、数据,生活、休闲、娱乐,退休,视频,直播,手机电视,汽车,房产,原油,能源,新科技,微博、博客,理财技巧、工具,移动 App,微信公众号,软件客户端	股市一次信息;上市公司投资分析;商业信息;理财技巧、工具;多样化的资讯传播渠道(自创或转载);自媒体平台型产品
4	10~12	财经新闻、市场信息、政策等一次信息展示,原创资讯,加工资讯,深度专题服务,银行、基金、保险等理财信息,搜索,广告服务	财经资讯等一次信息展示;财经资讯二次加工;平台功能型服务(查询服务);平台盈利型产品(广告服务)

通过对 Thomson Reuters、东方财富网等 12 个国内外有影响力的财经垂直门户主要频道,财经信息内容、产品及服务分布矩阵和归类研究,我们发现:①财经资讯等一次信息展示、二次信息加工、平台功能型服务和盈利型产品几乎是所有网站都提供的。②股市一次信息和二次信息加工、商业信息、理财技巧和多样化的资讯传播渠道得到多数网站重视,但因网站定位和核心资源的不同,受重视程度有差别。③部分网站进行差异化竞争,加大对有核心竞争力以及个性化的信息内容、产品及服务的投入,也有网站从用户细分的角度来挖掘市场机会。④某些财经信息内容、产品及服务属于资源型产品,具有一定的垄断性,其他门户难以模仿。

4.4 财经信息活动抽取及其影响因素分析

4.4.1 财经信息活动抽取

结合财经信息内容、产品及服务深度剖析和归类汇总,再从财经信息活动要素的角度进行抽取,可以得到若干财经信息活动:①财经商业资讯和行情数据的展示。②财经商业资讯和行情数据的查询服务。③财经资讯二次加工,如在分析财经商业资讯和行情数据等一次信息的基础上推荐股票买卖的资讯,通过分析研究报告提供投资资讯、风险调查与评估等。④广告服务。⑤投资者培训,包括提供理财技巧、工具,通过视频课程教育投资者,通过模拟炒股、模拟投资组合的方式训练投资者等。⑥名人互动,如名人微博、博客,专家直播、问答等。⑦互动社区,如自建股吧、财富号等,或链接到 Facebook 等外部网络社交平台。⑧网上金融交易,如提供证券、基金等金融产品的交易平台。⑨组织专题活动,如就某一专题组织网上与网下联动的会议,通过类似活动提升品牌形象,也为企业带来广告收入。⑩咨询服务,如为机构提供行业解决方案,为个人提供理财建议,为政府提供舆情服务等。⑪个性化服务,如财界网借助企业技术团队的力量为小企业提供网站制作服务,再如 Bloomberg 公司为董事长 Bloomberg 先生筹建的慈善活动提供支持等。各财经信息活动可能涉及的客体、主体和环境要素如表 4-4 所示。

4.4.2 财经信息活动被选原因分析

财经垂直门户是金融市场的中介性机构,隶属于金融类现代服务业;同时也是技术与人力资本投入密集度高、附加值大的知识密集型机构,隶属于科技服务业。财经垂直门户需要运用现代科技知识、技术和分析方法,对金融市场中出现的数据、信息和资料进行搜集、加工、整理、存储、分析和传递,并以数字产品或智力服务的方式提供给客户,包括个人投资者、机构投资者,以及产业链

表 4-4 财经信息活动及其相关要素

序号	财经信息活动	客体	主体	环境
1	财经商业资讯和行情数据的展示	财经资讯、原创资讯、商业信息、行情数据、政策、政府、高层观点	财经信息生产者、组织者、传播者、销售者、用户	互联网、移动App、微信公众号、软件客户端、电视、广播、报媒、播客、邮箱、通讯社
2	财经商业资讯和行情数据的查询服务	搜索引擎	财经信息组织者、传播者、用户	互联网、软件客户端
3	财经资讯二次加工	加工资讯、研究报告、深度专题服务、理财信息	财经信息生产者、组织者、销售者、用户	互联网、移动App、微信公众号、电视、广播、报媒、软件客户端、邮箱、通讯社
4	广告服务	广告客户的产品	财经信息传播者	互联网、移动App、微信公众号、电视、广播、报媒、软件客户端、邮箱
5	投资者培训	理财技巧、工具、理财视频课程、模拟投资、投资者教育	财经信息生产者、组织者、传播者、用户	互联网、移动App、微信公众号、电视、广播、报媒、软件客户端、邮箱
6	名人互动	知名人士提供的财经资讯、投资咨询和观点	财经信息传播者	互联网、电视、广播、微博、博客、播客、直播、视频
7	互动社区	大众投资观点、评论、自媒体机构或个人原创信息	财经信息生产者、组织者、传播者、用户	互联网（自建互动社区或者链接到外部网络社交平台）、微博、播客、直播
8	网上金融交易	证券、基金等金融交易产品	财经信息组织者、传播者、销售者、用户	互联网、移动App、软件客户端
9	组织专题活动	专题、机构观点、个人观点	财经信息生产者、组织者、传播者、用户	互联网、移动App、微信公众号、电视、广播、报媒、邮箱、通讯社
10	咨询服务	财经资讯、投资咨询、市场信息、舆情、行业、组织解决方案	财经信息生产者、传播者、销售者、用户	互联网、电视、移动App、微信公众号、现场
11	个性化服务	慈善信息、比价信息、优惠券、彩票、网站制作、电子杂志	财经信息生产者、组织者、传播者、销售者、用户	互联网、移动App、微信公众号、电视、广播、报媒、邮箱、SMS短信服务、现场

4 财经垂直门户信息服务模式的抽取

表 4-5 财经信息活动被选择的原因分析

序号	财经信息活动	提供的财经垂直门户	被选原因	核心竞争力	可推广性	原因分析
5	投资者培训	■MSM ■MSE	□企业定位 ■资源优势 □技术实力 □管理团队 ■外部环境	■是 □否	■强 □一般 □弱	定位主要面向个人投资者,用户量大,通过理财技巧、工具,投资者教育资讯引导黏住投资者。投资者有依赖,容易推广
		■MW	□企业定位 ■资源优势 □技术实力 □管理团队 ■外部环境	■是 □否	□强 ■一般 □弱	定位主要面向个人投资者,用户量大,通过模拟投资引导投资者。投资者未形成依赖
		■HX ■JRJ ■EM	□企业定位 ■资源优势 □技术实力 □管理团队 ■外部环境	■是 □否	■强 □一般 □弱	定位主要面向个人投资者,用户量大,通过模拟投资、理财课程视频、理财技巧和工具等方式引导黏住投资者。投资者有依赖,容易推广
		□CJ □17ok	□企业定位 ■资源优势 □技术实力 □管理团队 ■外部环境	□是 ■否	□强 □一般 ■弱	迫于竞争对手有投资者培训的压力亦提供理财技巧、工具和投资者教育资讯,但未形成核心竞争力
		□TRI □WSJ □CJ	□企业定位 ■资源优势 □技术实力 □管理团队 ■外部环境	□是 ■否	□强 ■一般 □弱	具有专家资源优势,提供微博、博客,但着重开发,未形成核心竞争力。WSJ亦提供播客,收效一般
6	名人互动	□CNBC	□企业定位 ■资源优势 □技术实力 □管理团队 ■外部环境	□是 ■否	□强 □一般 ■弱	提供播客,但未着重开发,未形成竞争力
		■MSE	□企业定位 ■资源优势 □技术实力 □管理团队 ■外部环境	■是 □否	■强 □一般 □弱	以创始人 Martin Lewis 的名义创建博客,从不同领域引导投资者学习省钱技巧,并参与互动,形成品牌效应和核心竞争力。容易推广
		■HX ■JRJ ■EM	□企业定位 ■资源优势 □技术实力 □管理团队 ■外部环境	■是 □否	□强 ■一般 □弱	网聚众多财经专家通过微博、博客、访谈、直播等方式发言论、引发讨论,提高投资者黏性,集聚效应明显。HX亦提供播客,收效一般

（续表）

序号	财经信息活动	提供的财经垂直门户	被选原因	核心竞争力	可推广性	原因分析
7	互动社区	■MSE ■HX ■JRJ ■EM	□企业定位 ■资源优势 ■技术实力 ■管理团队 ■外部环境	■是 □否	■强 □一般 □弱	定位主要面向个人投资者，用户量大，通过论坛、股吧、基金社区、财富号等方式黏住投资者。投资者有依赖，容易推广
		■CJ 17ok	□企业定位 □资源优势 □技术实力 □管理团队 ■外部环境	□是 ■否	□强 ■一般 □弱	迫于竞争对手有互动社区的压力亦提供互动社区，但未形成核心竞争力
		■HX	□企业定位 ■资源优势 ■技术实力 □管理团队 ■外部环境	■是 □否	□强 ■一般 □弱	有基金销售牌照，提供钱包理财，理财客等互联网金融产品交易，与金融机构合作销售理财产品、基金、债券、保险等，推荐办理借记卡、信用卡等。其他企业模仿有些困难。资源型产品。其他企业逐渐形成核心竞争力
8	网上金融交易	■JRJ	□企业定位 ■资源优势 ■技术实力 ■管理团队 □外部环境	■是 □否	□强 ■一般 □弱	有基金销售牌照，提供盈钱包、盈利宝等互联网金融产品交易，与多家金融机构的证券、私募智能投顾服务，引导投资者购买理财产品，进行财富配置。资源型产品。其他企业模仿有些希望逐渐形成核心竞争力，私募等理财讯困难
		■EM	■企业定位 ■资源优势 ■技术实力 ■管理团队 □外部环境	■是 □否	□强 ■一般 □弱	有证券交易资质，提供证券牌照，有基金销售，公募、私募等投资讯，提供活期宝等互联网金融产品交易，企业从做资讯转换为做金融，把财经资讯用户逐渐转换成金融投资客户，已形成核心竞争力。资讯型产品。其他企业模仿困难

48

（续表）

序号	财经信息活动	提供的财经垂直门户	被选原因	核心竞争力	可推广性	原因分析
9	组织专题活动	■WSJ BB	□企业定位 ■资源优势 □技术实力 □管理团队 □外部环境	□是 ■否	□强 □一般 ■弱	具有传媒资源优势，组织专题活动有，但未着重开发，未形成核心竞争力
		■HX CJ	■企业定位 ■资源优势 □技术实力 □管理团队 □外部环境	□是 ■否	□强 ■一般 □弱	具有传媒资源优势，组织专题活动有一定的权威性，重点开发，已形成核心竞争力，且带来广告收益。其他企业模仿困难
		■JRJ	■企业定位 ■资源优势 □技术实力 □管理团队 □外部环境	■是 □否	■强 □一般 □弱	持续性地举办金融界会客厅访谈栏目，建设短小精悍的财经、股票、理财、基金专题，组织或跟进报道跟经会议，已逐渐形成核心竞争力，且带来广告收益。其他企业模仿困难
		■EM	■企业定位 □资源优势 ■技术实力 □管理团队 □外部环境	■是 □否	□强 ■一般 □弱	运用企业技术实力创建最新、宏观、证券、理财、产经、IPO等专题，提供网民讨论人口；组织或跟进报道财经会议；技术实力强。技术成核心竞争力，还未形成企业可模仿
		■TRI	■企业定位 ■资源优势 □技术实力 □管理团队 □外部环境	■是 □否	□强 ■一般 □弱	市场地位决定了其提供行业、组织解决方案有说服力。但其他企业模仿困难
10	咨询服务	■HX	■企业定位 ■资源优势 □技术实力 □管理团队 □外部环境	■是 □否	□强 ■一般 □弱	市场地位和传媒资源优势决定了其提供舆情服务有权威性。其他企业模仿困难
		■EM	□企业定位 □资源优势 ■技术实力 □管理团队 □外部环境	■是 □否	□强 ■一般 □弱	技术实力强，整合了各类资讯提供舆情服务，但未形成核心竞争力
		■CJ	□企业定位 ■资源优势 □技术实力 □管理团队 □外部环境	□是 ■否	□强 ■一般 □弱	有传媒资源优势，提供了舆情频道，提供舆情服务，但内容建设情况一般
		■17ok	■企业定位 □资源优势 □技术实力 □管理团队 □外部环境	□是 ■否	□强 ■一般 □弱	企业定位要提供舆情服务，但网站显示不明显

（续表）

序号	财经信息活动	提供的财经垂直门户	被选原因	核心竞争力	可推广性	原因分析
11	个性化服务	BB（慈善）	■企业定位 □资源优势 □技术实力 □管理团队 □外部环境	□是 ■否	□强 □一般 ■弱	市场地位、创始人的政治地位和经营哲学决定了其关注慈善。其他企业模仿困难
		MSM MSE（比价）	■企业定位 ■资源优势 □技术实力 □管理团队 □外部环境	■是 □否	□强 □一般 ■弱	企业定位和各方面优势决定了其提供比价信息有核心竞争力。其他企业模仿有些困难
		HX（电子杂志）	□企业定位 ■资源优势 □技术实力 □管理团队 □外部环境	□是 ■否	□强 □一般 ■弱	有传媒资源优势，提供电子杂志。在技术实现方面困难，但没有形成核心竞争力
		JRJ（彩票）	□企业定位 ■资源优势 □技术实力 □管理团队 □外部环境	□是 ■否	□强 □一般 ■弱	原来有提供彩票资讯，目前已经关闭该频道。受政策约束，其他企业模仿困难
		EM（彩票）	□企业定位 ■资源优势 □技术实力 □管理团队 □外部环境	□是 ■否	□强 □一般 ■弱	与上海市福利彩票发行中心合作提供彩票资讯、公告，后续可能提供投注服务。资源型产品，其他企业模仿困难
		CJ（电子杂志）	□企业定位 ■资源优势 □技术实力 □管理团队 □外部环境	□是 ■否	□强 □一般 ■弱	有传媒资源优势，持续提供电子杂志、有技术实现方面不难，在技术模仿方面不难，多平台传播。其他企业模仿有些困难
		17ok（网站制作）	□企业定位 ■资源优势 ■技术实力 □管理团队 □外部环境	□是 ■否	□强 □一般 ■弱	企业定位要提供网站制作服务。有技术实力的企业可以模仿，但仅限于提供技术服务，不会制造一个新的财经垂直门户竞争对手

上的机构或企业。它们的主要业务是整理、加工和传播财经信息和各种研究报告,开发金融信息产品,提供技术开发与系统集成服务等。有影响力的国内外财经垂直门户提供上述11类信息活动,是在市场竞争过程中对其企业定位、资源优势、技术实力、管理团队、外部环境等因素综合评估的结果。但不同的财经垂直门户企业定位、资源优势等不同,对财经信息活动选择也不同。通过前述研究,我们发现前4类财经信息活动被国内外财经垂直门户普遍提供,第(5)～(7)类财经信息活动被多数财经垂直门户提供,后4类财经信息活动仅被少数财经垂直门户提供。表4-5对第(5)～(11)类财经信息活动被选择的原因进行剖析。

　　通过上述分析,我们发现在提供了第(5)类和第(7)类财经信息活动的垂直门户中,形成核心竞争力的门户数多于未形成核心竞争力的,可推广性强的门户数多于可推广性弱的。并且,投资者培训和互动社区这两类财经信息活动的资源优势在于网站流量高、网民数量大,而这两类财经信息活动也是面向个人投资者的,其经营效果会直接影响到网站流量和网民数量,两者相辅相成,说明这两类财经信息活动可以优先选择。在提供第(6)类财经信息活动的垂直门户中,形成核心竞争力的门户数与未形成核心竞争力的一样,可推广性强的门户数也与可推广性弱的一样。仔细推敲被选原因,企业定位是主要影响因素。在提供第(9)类财经信息活动的垂直门户中,形成核心竞争力的门户数与未形成核心竞争力的一样多,但可推广性一般的门户数少于可推广性弱的。已经形成核心竞争力的门户要么具有传媒资源优势,要么因企业定位提供组织专题活动早,具有持续累积效应,因此,其他企业跟进模仿存在困难。在提供第(8)类财经信息活动的垂直门户中,形成核心竞争力的门户数少于未形成核心竞争力的,但形成核心竞争力的门户可推广性较弱。网上金融交易是资源型产品,需要相关资质、牌照,因此取得资源的门户可以逐渐建立壁垒,那些没有取得资源的门户很难进入。在提供第(10)类财经信息活动的垂直门户中,形成核心竞争力的门户数少于未形成核心竞争力的,但将已形成核心竞争力的门户提供的咨询服务推广到其他门户较为困难。提供解决方案、舆情等咨询服务都是面向高端客户的,对提供者的市场地位和提供服务的权威性都有要求,容易形成进入壁垒。在提供第(11)类财经信息活动的垂直门户中,形成核心竞争力的门户数少于未形成核心竞争力的,但将已形成核心竞争力的门户提供的比价信息服务推广到其他门户有些难度。若企业定位提供该服务,那么也是可以实现的。那些未形成核心竞争力的个性化服务,如慈善、彩票、网站制作等,其推广性弱。值得一提的是,HX 和 CJ 两个门户都有提供电子杂志服务,该产品在 CJ 形成了核心竞争力,但在 HX 不被重视。这两个门户都具有传媒资源优势,但电子杂志不像纸质杂志有版权号的要求,没有传媒资源优势的企业也可以模仿,这说明企业定位是主要影响因素。

如果我们把能否形成核心竞争力和可推广性综合起来分析,容易形成核心竞争力又容易推广的,即能够被其他企业模仿的,则说明该类信息活动具有普适性,中小型财经垂直门户或新建企业容易跟进,可以优先选择。本书对这 11 类财经信息活动的普适性和优先级初步进行排序,大致是:第(1)类至第(4)类,第(5)类和第(7)类,第(6)类,第(9)类,第(8)类,第(10)类,第(11)类。

4.5 财经信息活动相关要素分析

4.5.1 财经信息服务内容分析

在表 4-4 列举的 11 类财经信息活动中,主流的财经信息服务内容可归纳为各种财经商业资讯、行情数据、政策信息、市场信息、理财信息、加工资讯、研究报告、投资咨询、深度专题服务、投资观点、搜索引擎,理财技巧、工具和广告客户的产品等 13 类;非主流的财经信息服务内容有金融交易产品,行业、组织解决方案,慈善信息,比价信息、优惠券、彩票、舆情服务、网站制作和电子杂志等 8 类。对于投资者来说,并非每一类财经信息都具有较高的商业价值,因此,剔出部分对所有投资者来说关注度偏低的财经信息,并站在产品化的角度,可精炼出 4 类重要的财经信息产品:内容类(各类财经商业资讯,行情数据,政策信息,市场信息,理财信息)、传播类(搜索引擎,理财工具,广告客户的产品)、服务类(加工资讯,研究报告,投资咨询,深度专题服务,投资观点,舆情服务,行业、组织解决方案)、资源类(金融交易产品,比价信息,优惠券,舆情服务,行业、组织解决方案)。

内容类产品重在关注财经信息内容本身,该内容源于财经信息用户的信息需要,终于满足这种信息需要。信息的需要和使用在这类产品信息用户心目中占有重要地位,信息需要成了服务活动的出发点和归宿,用户的信息使用成了满足需要的重要保障。

传播类产品信息内容比较规范,无差异性,财经信息服务者的竞争焦点在于信息传递方式,而不太重视财经信息服务者的特定服务和信息用户的能动性及信息使用情况。

服务类产品体现了一种互动性,它源于财经信息用户当前有待解决的问题并以用户问题解决为中心。财经信息用户参与咨询的前提假设是用户当前面临着有待解决的实际问题,如欲知道某只个股的买卖时机,并希望得到合理的解答或解释等。财经信息服务者明白并了解这一点,对信息和信息产品进行生产加工,形成有针对性的信息服务产品,运用适当的策略把特定的服务和信息服务产品提供给用户,帮助用户解决问题。

资源类产品是依靠资源优势而形成的一类产品。这里的资源是广义的经济资源或者生产要素。资源的稀缺性会形成一定的垄断,导致仅有部分机构或个人得以拥有,从而成为这些机构或个人的私有资产,极有可能形成其核心竞争力。例如,只有那些具有证券、基金交易牌照的财经垂直门户才可以提供网上证券、基金交易服务,这里的交易牌照就是稀缺资源,其提供的网上交易活动客体就是资源类产品。舆情服务和行业、组织解决方案既是服务类产品,也是资源类产品,需要财经信息生产者解决问题,也对生产者的权威性提出了要求。那些具有市场垄断性地位的生产者提供的服务更容易被市场认可。

4.5.2 财经信息服务者分析

金融市场中几乎所有的财经信息活动都直接或间接涉及生产者、组织者、传播者、销售者这四类信息主体。从表 4-4 列举的财经信息活动主体要素也可以看出这一点。一般而言，财经信息服务都是商家以盈利为目的对用户开展的信息活动，它围绕着价值创造，也必然带有一定的营销性质。例如，在财经信息活动中，生产者与销售者、组织者与销售者、传播者与销售者的角色常常合二为一，某些生产者也组织或传播财经信息，某些组织者也生产或传播部分财经信息，某些传播者也生产或组织部分财经信息。因此，在讨论财经信息服务者时，可不单独列出生产者、组织者、传播者、销售者，而认为财经信息服务者具有信息生产、组织、传播和销售的职能，也称为财经信息服务提供者。

4.5.3 财经信息用户分析

财经信息活动中涉及的信息用户不一定是最终用户。例如，交易所的行情信息发布，若传递给投资者，则投资者是最终用户；若传递给券商，则券商可能是行情信息的组织者或者传播者，而不是最终用户。财经垂直门户的网民多数是高端收入者，是具有投资意识的中产阶级，因此，可以把财经信息活动的最终用户看作投资者，这样对最终用户的讨论更有意义。胡翠华和俞时权（2007）将投资者分为个人投资者和机构投资者，并从所处地区经济发展水平、投资欲望强烈程度、风险偏好度、炒股水平四大类因素对个人投资者进行市场细分与关联分析，指出活跃的个人投资者具有的一般特征为处于经济较发达地区、投资欲望强烈、风险偏好度较高、炒股水平较高，而机构投资者是典型的投资欲望强烈、风险偏好度高、炒股水平高，且没有地理位置限制的投资主体[120]。本书将财经信息用户界定为活跃的个人投资者（自然人投资者）和机构投资者（非自然人投资者）两类。通过第 2.2 节的数据统计分析，我们可以发现中国金融市场自然人投资者占比超过 99.7%，活跃的个人投资者仍然是我国财经垂直门户进行服务的主要对象，是首要的财经信息用户。

4.5.4 财经信息获取渠道分析

表 4-4 列举的财经信息活动所涉及的信息环境包括互联网、移动 App、微

信公众号、软件客户端、电视、广播、报媒、邮箱、通讯社、微博、博客、播客、财富号、直播、视频、现场、SMS 短信服务、电话等 18 种，且以前 4 种为主。因环境是个宽泛的概念，狭义的环境是指由人与人之间的各种社会关系所形成的社会环境，包括政治制度、经济体制、法律法规、文化传统和邻里关系等。为了更加贴切地表达这些财经信息活动所处的环境因素，本书称之为财经信息获取渠道。互联网、电视、广播、报媒是最经典的大众传播媒体；通讯社是专业从事新闻信息采集、发布的传播机构，借用各种电子通信技术和先进的手段快速地向报媒、广播、电视等媒介机构发布新闻和信息；微博、博客、播客、邮箱、财富号则是互联网平台上的具体应用，这些应用可以借用 PC 端载体登录上互联网内容提供商的网络服务器，也可以借用手机、平板等移动设备登录上互联网内容提供商的网络服务器。因此，互联网、电视、广播、报媒、通讯社、微博、博客、播客、财富号、邮箱和现场都可以看作传播类渠道。电话、SMS 短信服务主要通过通信运营商提供服务，可以看作电信类渠道。软件客户端、直播、视频既可以在 PC 端载体运行，也可以在手机、平板等移动设备运行，但需要专门设计、开发，也是内容展现平台，且不像电视、广播、报媒需要受到新闻牌照的限制和言论管制；移动 App 和微信公众号在手机、平板等移动设备运行（微信公众号可以有网页版，但需要专门设计、开发），是内容展现平台，且不受新闻牌照的限制和言论管制。因此，我们把软件客户端、直播、视频、移动 App 和微信公众号看作平台类渠道。不同的财经信息服务内容可通过不同的策略在不同的渠道来获取，相同的财经信息服务内容也可能通过不同的策略在不同的渠道来获取。因此，渠道可作为财经信息服务模式构造的一个基本要素。

4.6 财经垂直门户信息服务模式选择及构造要素分析

4.6.1 四种基本财经信息服务模式

胡翠华（2010）基于产业价值链构造的视角提出了三种证券信息服务模式，

即使用模式、传递模式和问题解决模式[102]。随着媒体融合及其加速发展,传播方式发生了变化,渠道在经济学领域和传媒领域都得到了广泛应用,源自计算机技术领域的"平台"概念也引入了经济领域和传媒领域,并且常被混同使用。在《关于推动传统媒体和新兴媒体融合发展的指导意见》(新广发〔2015〕32号)中,明确将内容、渠道、平台、经营、管理作为媒体融合发展的五大维度。荣翌(2018)指出相对渠道而言,平台是一个更高层次的概念。渠道是平台的基础设施,成熟的平台可以拥有自己的渠道,一个平台也可拥有多个渠道;平台资源需要通过渠道分发,平台价值需要通过渠道延伸。[121]可见,平台与渠道是多对多的关系,也并非完全的并列关系,更多的是一种递进关系,平台融合是渠道融合的升级阶段。因此,我们把平台从传递模式中分离出来,提出四种基本的财经信息服务模式,即使用模式、传递模式、平台模式和问题解决模式。

1) 财经信息服务使用模式

财经信息服务使用模式强调服务内容源自用户的信息需要并满足这种需要,即财经信息服务提供者根据活跃的个人投资者或机构投资者的信息需要,以某种策略生产信息服务产品,再通过一定的渠道提供给投资者,根据投资者体验状况判断其是否满足投资者的个性化需求。如果投资者不满意则提出意见反馈给财经信息服务提供者,经由其修改并重新制定服务策略,继续循环直到能真正满足投资者需要为止。其关系链可表述为"投资者需要—服务提供者—服务策略—服务内容—渠道—投资者—个性化",如图 4-1 所示。

2) 财经信息服务传递模式

财经信息服务传递模式源自信息交流的"米哈依洛夫模式"、信息加工传递的"兰卡斯特模式"和知识状态变化的"维克利模式"。传播类财经信息产品更关注信息传递方式,即财经信息服务提供者通过对上市公司信息等传播类产品进行粗加工或精细加工,形成财经信息服务产品,并以某种策略通过某些渠道提供给活跃的个人投资者或机构投资者,根据投资者体验状况判断其是否满足投资者的个性化需求。如果投资者感到满意则继续使用;反之,则提出意见并反馈给财经信息服务提供者修改,服务提供者通过对财经信息进行加工处理修

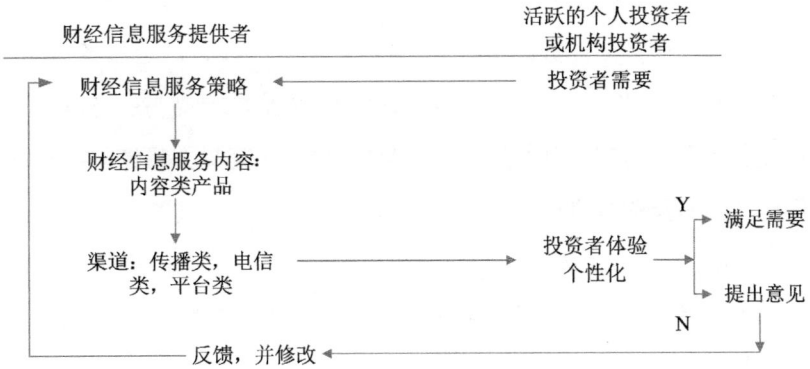

图 4-1　财经信息服务使用模式

改并重新制定相应的策略,进而进入下一个周期,从而促进投资者对该信息服务产品的广泛使用。其关系链可表述为"服务内容—服务提供者—服务策略—渠道—投资者—个性化",如图 4-2 所示。

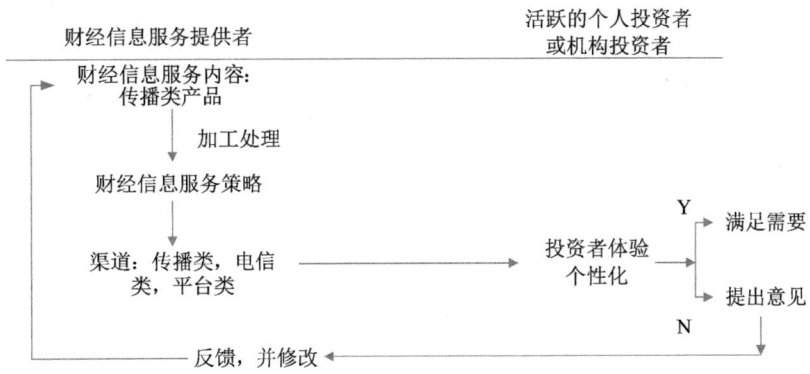

图 4-2　财经信息服务传递模式

3) 财经信息服务平台模式

财经信息服务平台模式不以内容生产为优势,以提供财经信息产品或服务交换平台为主。这些平台在多数情况下扮演第三方角色,聚合庞大的内容生产群体和海量用户,为两者之间的媒介产品流通、信息资源置换搭建"自由市场",一方面为协助财经信息内容提供者发布、管理和变现财经信息产品或服务;另一方面为财经信息用户提供获取内容资源的信息服务平台。该模式的业务发起方是机构投资者,为了满足某种业务需要提出技术开发需求,财经信息服务提供者在具有行业资源优势的情况下承接该项开发需求,制定服务策略,为机构投资者开发平台、提供技术支持。如果平台上提供的产品与服务满足个人或机构投资者的个性化需求,则继续使用;反之,则提出意见并反馈给财经信息服务提供者和机构投资者进行调整。平台技术开发和平台服务问题由财经信息服务提供者解决;平台内容问题由内容提供方(财经信息服务提供者和机构投资者都有可能)解决;如果涉及业务需求和服务策略问题则由机构投资者来考虑,也有很多问题可能需要财经信息服务提供者和机构投资者共同协商处理。其关系链可大致表述为"业务需要—服务提供者—服务策略—服务内容—渠道(平台)—投资者—个性化",如图4-3所示。

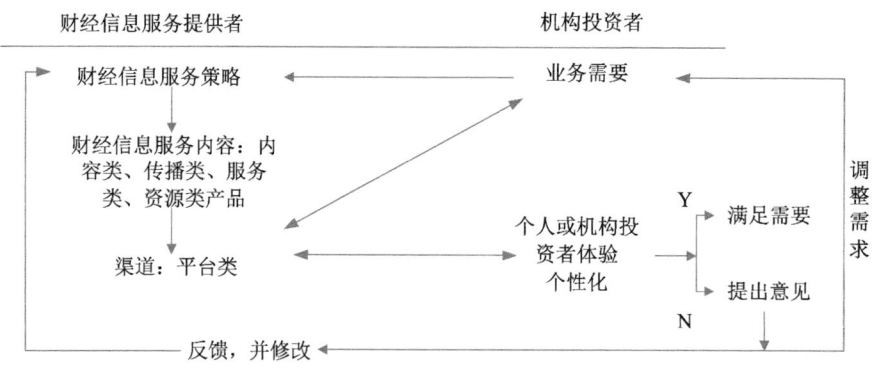

图4-3 财经信息服务平台模式

4) 财经信息服务问题解决模式

服务类财经信息产品强调用户导向性,以问题为中心,始于财经信息用户当前有待解决的问题,并终于问题解决的信息服务过程,也称"问题解决模式"。该模式备受活跃的个人投资者关注,而机构投资者关注度稍低。投资者参与信息服务活动的前提假设是他们当前面临着有待解决的实际问题,并欲寻求合适的信息服务,以最终解决问题。财经信息服务提供者针对投资者的问题,制定财经信息服务内容,对信息和信息产品进行生产加工,形成有针对性的信息服务产品,运用适当的策略通过某些渠道把特定的服务和信息服务产品提供给用户，根据个人投资者体验状况判断能否满足其个性化需求。如果能帮助个人投资者解决问题则意味着问题解决；反之，则提出意见反馈给财经信息服务提供者，服务提供者根据个人投资者所反馈的意见进行修改并重新制定服务内容，如此反复直到最终解决投资者的问题。其关系链可以描述为"投资者的当前问题—服务提供者—服务内容—服务策略—渠道—投资者—个性化"，如图4-4所示。

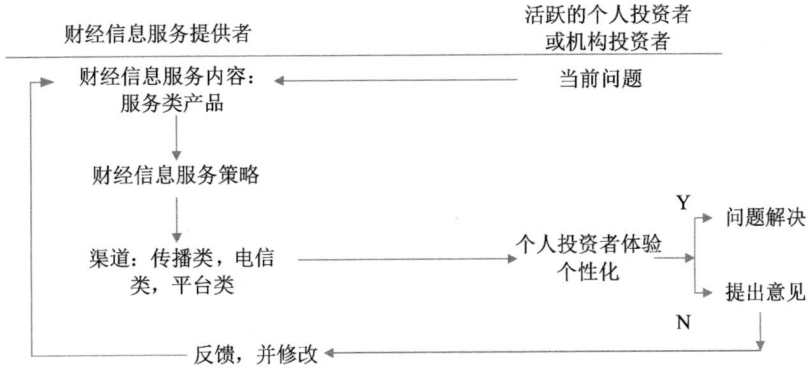

图4-4　财经信息问题解决服务模式

4.6.2　不同类型财经垂直门户信息服务模式的理论选择

Wood(2005)认为"知识密集型服务业是基于服务的创新的一个集中体现"[122]。而服务创新很少体现在产品本身特征的改变，更经常是与服务产品流动的新模式、客户互动、质量控制以及保障等方面来同时实现。[123]财经垂直门户是知识密集型企业，因而，其服务模式的研究不仅要考虑服务产品本身的特征，还要考虑产品生产与流通过程中的模式创新、客户互动、平台建设与服务质量保障等内容。Zott等(2010)通过分析133篇被ISI网站收录并深入研究商业模式的文献发现，"活动"在构建各种商业模式时起了重要作用[124]。如果以财经信息市场的活动为主线，那么可以将服务模式创新中要考虑的产品及产品外的内容联接起来。

基于服务创新与活动的视角，胡翠华(2012)在证券信息公司服务模式的理论选择分析中,以企业的主营业务为分类依据,将证券信息公司分为资源建设、信息传播、技术开发、产品开发和综合型5类。其中,综合型是指可能包含前2种、3种或4种业务而难以区分主营的企业[103]。这种分类对于财经垂直门户同样适用。从理论上讲,资源建设型财经垂直门户的主营业务是对各类市场信息、金融信息和政策信息等进行采集、加工与存储,主要向信息咨询研究机构、传播机构与技术开发企业提供原材料,是信息服务产业价值链的起点,应采用财经信息服务使用模式。信息传播型财经垂直门户的优势在于传播通道,不改变产品或服务本身,应采用财经信息服务传递模式。技术开发型、产品开发型和综合型财经垂直门户采用的服务模式与其具体的业务类型有关。例如技术开发型财经垂直门户,若其业务是网站制作或为类似福利彩票中心这样的机构提供平台和技术支撑,则采用财经信息服务平台模式;若其业务是开发出类似行情软件这样的证券信息产品,则需根据其产品用途来确定其服务模式。软件既可以作为信息传播的渠道或者平台,也可以作为数字商品进行销售,如果是前者则采用财经信息服务平台模式,如果是后者则采用财经信息服务使用模式。为了突出信息资源的特点,此处把行情软件作为信息获取渠道或者平台,那么技术开发型财经垂直门户采用财经信息服务平台模式。再如产品开发型财经垂直门户,若其业务是对信息内容、传播渠道或者服务方式的开发,则可分别采用财经信息服务使用模式、传递模式和问题解决模式。可见,产品开发型和综合型财经垂直门户的服务模式需要根据业务类型单独讨论。

4.6.3　综合型财经垂直门户信息服务模式构造要素分析

我们前面选取的12个有影响力的财经垂直门户分别是什么类型的企业呢?通过前面对这些门户的企业背景,提供的财经信息内容、产品及服务分析可知,它们全部都承担着信息传播的角色,都开发了企业核心产品,除MSM和MSE定位提供比价信息、收集第三方企业的产品或服务价格外,其他门户都进行财经信息资源建设。因此,这些财经垂直门户都属于综合型,其服务模式需要根据业务类型来单独讨论。

财经信息活动不是财经垂直门户的业务类型,但有相关性。根据第 4.4.1 节分析出的 11 类财经信息活动,可以列举企业在经营时的业务核心,如表4-6所示。其中第(11)类个性化服务分为慈善、比价信息、电子杂志、彩票和网站制作等 5 类。

表 4-6 财经信息活动的业务核心

序号	财经信息活动	业务核心
1	财经商业资讯和行情数据的展示	内容粗加工
2	财经商业资讯和行情数据的查询服务	平台搭建
3	财经资讯二次加工	内容精加工
4	广告服务	平台搭建、内容传递
5	投资者培训	内容传递、内容包装
6	名人互动	咨询服务、内容包装
7	互动社区	平台搭建、内容包装
8	网上金融交易	平台搭建
9	组织专题活动	内容包装
10	咨询服务	咨询服务
11	个性化服务(慈善)	平台搭建
11	个性化服务(比价信息)	内容精加工
11	个性化服务(电子杂志)	内容包装、内容精加工
11	个性化服务(彩票)	平台搭建、内容传递
11	个性化服务(网站制作)	平台搭建

把这些业务核心归集起来,就是服务模式的主要构造要素,即内容挖掘、信息传播、平台搭建与服务方式。对各要素进行不同程度的开发就是不同的策略。本书把财经垂直门户信息服务模式分为 6 类:①内容粗加工服务模式,即"原创财经信息—收集与处理—传播渠道—投资者"。②内容精加工服务模式,即"原创财经信息—收集与处理—分析与研究—传播渠道—投资者"。③内容

包装服务模式,即"原创财经信息—收集与处理—有(或无)分析与研究—产品化包装—传播渠道—投资者"。④内容传递服务模式,即"财经信息服务内容—传播渠道—投资者"。⑤平台服务模式,即"财经信息服务内容—平台—投资者"。⑥咨询服务模式,即"投资者—有(或无)传播渠道—财经信息服务提供者"。

无论是产品开发型财经垂直门户还是综合型财经垂直门户,都很难均衡地配置企业的人、财、物。即使具备采用上述 6 类服务模式的条件,比如 TRI 和 BB 这样全球领先的财经信息提供商,也不会平均投入资源,而是在服务模式的选择上有优先级或者在不同的阶段实施不同的服务模式。这一点我们从前面分析 12 个有影响力的财经垂直门户提供的信息内容、产品及服务分布矩阵也可以看出来。但是,财经垂直门户对信息服务模式的具体设计,以及采用了该模式后的经营绩效,或者该模式是否使企业资源达到了最优配置效率,实现了帕累托最优,还需要根据其具体的业务类型进行实证分析。

5 财经垂直门户信息服务模式绩效评估指标设计

5.1 财经垂直门户信息服务模式绩效评估指标选择

国家统计局、财政部等部委在1992—2009年多次提出的绩效评价指标体系,以及金融类国企及国有控股企业绩效评价实施细则,都提出以净利润等财务指标为核心指标。但我国财经垂直门户多是中小微型金融科技服务企业,并且对服务模式的绩效评价不等同于对企业整体绩效的评价,因此也就不能完全照搬。《卓越绩效评价准则实施指南》(GB/Z 19579—2012)指出卓越绩效评价从组织概述开始,组织概述显示了组织运营的关键因素和背景状况。卓越组织绩效评价准则包括领导,战略,顾客与市场,资源和过程管理,测量、分析与改进,结果等6个部分。其中,"领导""战略""顾客与市场"构成"领导作用"三角,旨在强调领导对战略和顾客与市场的关注;"资源""过程管理""结果"构成"资源、过程和结果"三角,是从动性的,显示利用资源,通过过程管理取得结果(产品和服务结果、顾客与市场结果、财务结果、资源结果、过程有效性结果和领导方面的结果);而"测量、分析和改进"是组织运作的基础,是链接两个三角的"链条",并推动组织的改进和创新[125]。因此,对服务模式进行绩效评估首先需要从服务模式运营的关键因素和背景状况分析开始,要考虑服务模式的战略目标、关键资源、组织管理和各种经营结果。Kaplan和Norton(1992)提出平衡计分卡的方法,从财务、顾客、内部经营流程、学习与成长四个维度来测量企业的运营绩效[107]。Mark、Clayton和Henning(2008)提出"四模块说",认为商业模式由顾客价值主张、盈利模式、关键资源以及流程四个模块组成[108]。综合上述观点,战略目标、学习与成长、组织管理、产品和服务结果、领导方面的结果可以合并为衡量服务模式的经营前景;财务结果、净利润、财务和盈利模式可以合并为衡量服务模式的效益;顾客与市场结果、顾客价值主张可以合并为衡量服务模式的客户关系;关键资源、内部经营流程、关键资源以及流程需要结合研究对象来考虑。财经垂直门户信息产品或服务的关键资源是财经信息内容和技术。从本书第3、第4章的研究也可以看出能成为国内外有影响力的财经垂直门户,其财经信息内容的专业性、报道的及时性、有效性以及内容的丰富程度都会影响到财经垂直门户的排名情况;而财经垂直门户隶属于金融科技服务企业,内容的精加工、包装和传递都离不开坚实的技术基础,技术的先进性、实用性和高效率对企业核心竞争力的形成有重要影响,在某些企业甚至是第一生产力。

本书从经营前景、内容挖掘、技术开发、客户关系和效益等五个维度来建立财经垂直门户信息服务模式绩效评估一级指标。通过第4.6节的分析可知,财经垂直门户有6类信息服务模式,对这些模式进行绩效评估时需要考虑其具体的业务类型,了解其关键因素和背景状况。并且,这些业务类型与财经信息活动有关。因此,本书围绕财经信息活动,根据财经垂直门户的特点将各一级指标分解为不同的二级指标,并尽可能地考虑到相同一级指标下各二级指标间具有独立性,不存在强正相关或负相关关系,如表5-1所示。

表5-1 财经垂直门户信息服务模式绩效评估指标体系

一级指标	二级指标	指标含义
经营前景 (P_1)	与企业战略目标的匹配度(P_{11})	该业务与企业战略目标、定位匹配度很高
	企业实施运作的能力(P_{12})	企业实施该业务有很好的组织管理能力
	业务模式的市场前景(P_{13})	该业务的外部环境,未来有很好的发展潜力

(续表)

一级指标	二级指标	指标含义
内容挖掘 (P_2)	内容挖掘的深度(P_{21})	企业对该业务内容进行了深入加工或包装
	内容挖掘的广度(P_{22})	企业对该业务内容进行了广泛收集
技术开发 (P_3)	技术先进性(P_{31})	开发该业务需要最先进的技术
	研发经费投入(P_{32})	企业开发该业务需要充足的研发经费投入
	技术实力(P_{33})	企业具备很好的技术团队保障该业务的研发
客户关系 (P_4)	客户满意度(P_{41})	该业务能带来很高的客户满意度
	客户忠诚度(P_{42})	客户对该业务有很好的忠诚度,锁定明显
效益 (P_5)	直接收入来源(P_{51})	该业务能为企业带来丰厚的直接利润
	间接收入来源(P_{52})	该业务能促进主营业务发展,带来间接收入
	社会效益(P_{53})	该业务有很强的社会效益

5.2 基于 ANP 的指标权重确定

表 5-1 列出了一级、二级指标,但指标权重的确定是一个问题。采取不同的方法得到的权重值也会不一样。一般情况下,指标权重的确定方法有层次分析法、网络层次分析法和熵值法。熵值法是通过计算熵值来判断一个事件的随机性及无序程度,也可以通过计算熵值来判断某个指标的离散程度。它可根据各项指标的离散程度,利用信息熵计算出各个指标的权重,为多指标综合评价

提供依据。指标的离散程度越大,该指标对综合评价的影响越大。对于同层次结构问题指标权重的确定,以上3种方法都适用,但在面向递阶层次结构问题时,层次分析法和网络层次分析法比较常用。考虑到绩效评估指标是多层次结构,同层次指标和上下层次指标间难免有依存关系,本书对评估指标采用网络层次分析法来计算权重,而指标的依存关系和重要性程度判断则采用德尔菲法的思想,邀请专家打分和讨论。

5.2.1　ANP模型基本原理简介

层次分析法(Analytic Hierarchy Process,简称AHP)在系统决策中被广泛应用,是美国著名运筹学家Saaty T. L.教授于20世纪90年代提出的一种将定性和定量相结合的多准则决策方法。但AHP方法面对的是独立的递阶层次结构,假定上一层次元素支配会影响下一层次元素,但同一层次元素之间是相互独立,不存在依存关系。1996年,Saaty T. L.教授提出了适应复杂结构的决策科学方法——网络层次分析法(Analytic Network Process,简称ANP)[126],该方法在AHP基础上延伸,考虑到了层次及因素间的关联性和交互影响。

5.2.2　财经垂直门户信息服务模式绩效评估指标依存性分析

在设计财经垂直门户信息服务模式绩效评估指标过程中,考虑到一级指标之间、某一级指标下的二级指标之间具有一定的独立性,但个别相同一级指标下的二级指标间可能存有弱影响关系,不同一级指标下的二级指标之间可能存有较强的关联性,因此我们需要对其依存关系进行分析。在分析依存关系时仅考虑直接依存关系,不考虑传递依存关系。按照德尔菲法的思想,首先邀请两位高校专家和两位财经垂直门户企业精英采用二维表的方式对二级指标间的依存关系先进行独立判断,然后合并成一张二维表,再进行二轮征询意见,最后将共同认可的依存关系保留下来,得到的结果如表5-2所示。其中,顶部为被影响的二级指标,左侧为可能对顶部二级指标有影响的二级指标,如果有直接影响则在对应的单元格中打"√"。

表 5-2 财经垂直门户信息服务模式绩效评估二级指标依存关系

被影响因素		二级指标	P₁			P₂		P₃			P₄		P₅		
影响因素			P_{11}	P_{12}	P_{13}	P_{21}	P_{22}	P_{31}	P_{32}	P_{33}	P_{41}	P_{42}	P_{51}	P_{52}	P_{53}
P_1		P_{11}	▨	✓		✓	✓		✓		✓				
		P_{12}	✓	▨			✓		✓		✓	✓	✓	✓	✓
		P_{13}	✓		▨	✓		✓					✓		
P_2		P_{21}				▨	▨				✓	✓	✓	✓	✓
		P_{22}				▨	▨				✓	✓	✓		✓
P_3		P_{31}				✓	✓	▨	✓	▨					
		P_{32}						▨	▨	✓	✓	✓	✓		
		P_{33}		✓		✓	✓	▨	▨	▨	✓	✓	✓		
P_4		P_{41}	✓	✓							▨	▨	✓	✓	✓
		P_{42}		✓	✓						▨	▨		✓	✓
P_5		P_{51}	✓					✓	✓				▨	▨	✓
		P_{52}	✓						✓				✓	▨	✓
		P_{53}	✓		✓								✓	✓	▨

在 Super Decision 软件中按照表 5-2 的指标依存关系建立 cluster(簇)和 node(节点),提取的 ANP 结构模型(也称网络层)如图 5-1 所示。

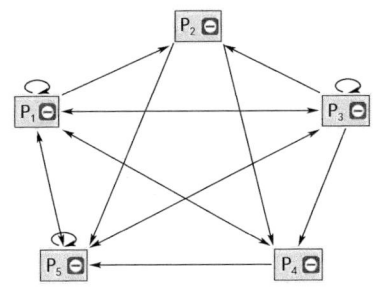

图 5-1 财经垂直门户信息服务模式绩效评估 ANP 结构模型(网络层)

5.2.3 财经垂直门户信息服务模式绩效评估指标判断矩阵

判断矩阵也叫两两比较矩阵,能显示对于上一层次元素,本层与之有关元素之间的相对重要性。网络层次分析法要求对相互之间存在依存和反馈关系的因素进行两两比较,也是进行相对重要度计算的依据。

1. 获取一级指标关联情况和重要性调查表

根据表 5-2 获取一级指标的关联情况,如表 5-3 所示。该表显示了一级指标所影响的一级指标中所有二级指标的计数。

表 5-3　财经垂直门户信息服务模式绩效评估一级指标关联情况

一级指标	P_1	P_2	P_3	P_4	P_5
P_1	3	6	4	3	5
P_2	—	—	—	4	6
P_3	1	6	2	3	6
P_4	4	—	—	—	6
P_5	5	—	3	—	5

根据表 5-3 的计数情况,构造一级指标两两比较矩阵,即只要相应计数大于 0,就必须建立判断矩阵。按照构造判断矩阵的方法,得到一级指标判断矩阵,如图 5-2 所示。

P_1	P_1	P_2	P_3	P_4	P_5
P_1					
P_2					
P_3					
P_4					
P_5					

P_2	P_4	P_5
P_4		
P_5		

P_3	P_1	P_2	P_3	P_4	P_5
P_1					
P_2					
P_3					
P_4					
P_5					

P_4	P_1	P_5
P_1		
P_5		

P_5	P_1	P_3	P_5
P_1			
P_3			
P_5			

图 5-2　财经垂直门户信息服务模式绩效评估一级指标判断矩阵

根据表5-4的一级指标判断矩阵,设计用于获取一级指标重要性的调查表,以 P_1 为例得到表5-4,其他不再赘述。重要性程度采用1～9数值标度法[127]。

表5-4 财经垂直门户信息服务模式绩效评估 P_1 指标重要度调查表

影响因素			同等	中间值	稍大	中间值	明显	中间值	强烈	中间值	极端
			1	2	3	4	5	6	7	8	9
P_1	P_1	P_2									
		P_3									
		P_4									
		P_5									
	P_2	P_3									
		P_4									
		P_5									
	P_3	P_4									
		P_5									
	P_4	P_5									

表5-4的调查说明:顶部为权重赋值,左列为相比较指标。在左列相比较指标的相应空格中打"1"或"-1",其中"1"表示正相关,"-1"表示负相关。

2. 获取二级指标关联情况和重要性调查表

根据表5-2获取二级指标的关联情况,如表5-5所示。该表显示了二级指标所影响的一级指标中所有二级指标的计数。

表 5-5 财经垂直门户信息服务模式绩效评估二级指标关联情况

影响因素	被影响因素 二级指标	P_1	P_2	P_3	P_4	P_5
P_1	P_{11}	1	2	1	1	
	P_{12}	1	2	2	2	3
	P_{13}	1	2	1		2
P_2	P_{21}				2	3
	P_{22}				2	3
P_3	P_{31}		2	1		2
	P_{32}		2	1	1	2
	P_{33}	1	2		2	2
P_4	P_{41}	2				3
	P_{42}	2				3
P_5	P_{51}	2		2		1
	P_{52}	1		1		2
	P_{53}	2				2

根据表 5-5 的计数情况,构造二级指标两两比较矩阵,即只要相应计数大于 1,就必须建立判断矩阵。按照构造判断矩阵的方法,得到二级指标判断矩阵,如图 5-3 所示。

P_{11}	P_{21}	P_{22}
P_{21}		
P_{22}		

P_{21}	P_{41}	P_{42}
P_{41}		
P_{42}		

P_{31}	P_{21}	P_{22}
P_{21}		
P_{22}		

P_{41}	P_{11}	P_{12}
P_{11}		
P_{12}		

P_{51}	P_{11}	P_{12}
P_{11}		
P_{12}		

P_{12}	P_{21}	P_{22}
P_{21}		
P_{22}		

P_{21}	P_{51}	P_{52}	P_{53}
P_{51}			
P_{52}			
P_{53}			

P_{31}	P_{51}	P_{52}
P_{51}		
P_{52}		

P_{41}	P_{51}	P_{52}	P_{53}
P_{51}			
P_{52}			
P_{53}			

P_{51}	P_{31}	P_{32}
P_{31}		
P_{32}		

P_{12}	P_{32}	P_{33}
P_{32}		
P_{33}		

P_{22}	P_{41}	P_{42}
P_{41}		
P_{42}		

P_{32}	P_{21}	P_{22}
P_{21}		
P_{22}		

P_{42}	P_{11}	P_{12}
P_{11}		
P_{12}		

P_{52}	P_{51}	P_{53}
P_{51}		
P_{53}		

P_{12}	P_{41}	P_{42}
P_{41}		
P_{42}		

P_{22}	P_{51}	P_{52}	P_{53}
P_{51}			
P_{52}			
P_{53}			

P_{32}	P_{51}	P_{52}
P_{51}		
P_{52}		

P_{42}	P_{51}	P_{52}	P_{53}
P_{51}			
P_{52}			
P_{53}			

P_{51}	P_{11}	P_{13}
P_{11}		
P_{13}		

P_{12}	P_{51}	P_{52}	P_{53}
P_{51}			
P_{52}			
P_{53}			

P_{33}	P_{21}	P_{22}
P_{21}		
P_{22}		

P_{53}	P_{51}	P_{52}
P_{51}		
P_{52}		

P_{13}	P_{21}	P_{22}
P_{21}		
P_{22}		

P_{33}	P_{41}	P_{42}
P_{41}		
P_{42}		

P_{13}	P_{51}	P_{52}
P_{51}		
P_{52}		

P_{33}	P_{51}	P_{52}
P_{51}		
P_{52}		

图 5-3　财经垂直门户信息服务模式绩效评估二级指标判断矩阵

根据图 5-3 的二级指标判断矩阵，设计用于获取二级指标重要性的调查表,以 P_{12} 为例得到表 5-6,其他不再赘述。重要性程度采用 1～9 数值标度法。

表 5-6　财经垂直门户信息服务模式绩效评估 P_{12} 指标重要度调查表

影响因素			同等	中间值	稍大	中间值	明显	中间值	强烈	中间值	极端
			1	2	3	4	5	6	7	8	9
P_{12}	P_{21}	P_{22}									
P_{12}	P_{32}	P_{33}									
P_{12}	P_{41}	P_{42}									
P_{12}	P_{51}	P_{52}									
		P_{53}									
	P_{52}	P_{53}									

表 5-6 的调查说明:顶部为权重赋值,左列为相比较指标。在左列相比较指标的相应空格中打"1"或"－1",其中"1"表示正相关,"－1"表示负相关。

5.2.4　数据处理及权重确定

通过德尔菲法处理步骤对指标存在反馈或依赖关系指标间的重要程度进行问卷调查,部分问卷调查表参看第 5.2.3 节。邀请 1 位管理科学领域教授和 2 位财经垂直门户运营专家分别对问卷进行打分,将打分结果输入 Super Decision 软件中进行一致性检验,得到 3 组结果。经检验发现有 2 组出现部分 CR 值大于 0.1 的情况,故舍弃这两组值。对保留组使用 Super Decision 软件分别计算未加权超矩阵、加权超矩阵、有限矩阵、簇矩阵以及全局综合权重,计算结果如图 5-4 至图 5-8 所示。

图 5-4　Unweighted Super Matrix(未加权超矩阵)

5 财经垂直门户信息服务模式绩效评估指标设计

Clusters	Nodes	P11	P12	P13	P21	P22	P31	P32	P33	P41	P42	P51	P52	P53
P1	P11	0.000000	0.303760	0.348468	0.000000	0.000000	0.000000	0.000000	0.000000	0.111111	0.055419	0.382516	0.096622
	P12	0.514946	0.000000	0.000000	0.000000	0.000000	0.000000	0.232754	0.555556	0.555556	0.277097	0.000000	0.000000
	P13	0.000000	0.000000	0.000000	0.000000	0.000000	0.000000	0.000000	0.000000	0.000000	0.000000	0.000000	0.289866
P2	P21	0.089186	0.039457	0.060353	0.000000	0.000000	0.070302	0.044261	0.078652	0.000000	0.000000	0.000000	0.000000
	P22	0.044593	0.039457	0.030176	0.000000	0.000000	0.035151	0.044261	0.094476	0.000000	0.000000	0.000000	0.000000
P3	P31	0.000000	0.000000	0.000000	0.000000	0.000000	0.000000	0.000000	0.000000	0.000000	0.000000	0.104736	0.000000
	P32	0.133779	0.026305	0.090529	0.000000	0.000000	0.508082	0.000000	0.000000	0.000000	0.000000	0.034912	0.199648	0.000000
	P33	0.000000	0.052610	0.000000	0.000000	0.000000	0.426506	0.000000	0.000000	0.000000	0.000000	0.062798	0.000000	0.000000
P4	P41	0.217496	0.085532	0.000000	0.111111	0.111111	0.000000	0.160556	0.143199	0.000000	0.000000	0.000000	0.000000	0.000000
	P42	0.000000	0.042766	0.000000	0.555556	0.555556	0.000000	0.000000	0.071600	0.000000	0.000000	0.000000	0.000000	0.000000
P5	P51	0.000000	0.312161	0.411665	0.253719	0.253719	0.309172	0.283864	0.379766	0.026987	0.243548	0.000000	0.105567	0.153378
	P52	0.000000	0.068174	0.058809	0.055411	0.055411	0.077293	0.040552	0.054252	0.062798	0.062798	0.000000	0.000000	0.460134
	P53	0.000000	0.029778	0.000000	0.024203	0.024203	0.000000	0.000000	0.000000	0.243548	0.026987	0.527836	0.422269	0.000000

图 5-5　Weighted Super Matrix(加权超矩阵)

Clusters	Nodes	P11	P12	P13	P21	P22	P31	P32	P33	P41	P42	P51	P52	P53
P1	P11	0.133791	0.133791	0.133791	0.133791	0.133791	0.133791	0.133791	0.133791	0.133791	0.133791	0.133791	0.133791	0.133791
	P12	0.174800	0.174800	0.174800	0.174800	0.174800	0.174800	0.174800	0.174800	0.174800	0.174800	0.174800	0.174800	0.174800
	P13	0.042652	0.042652	0.042652	0.042652	0.042652	0.042652	0.042652	0.042652	0.042652	0.042652	0.042652	0.042652	0.042652
P2	P21	0.027497	0.027497	0.027497	0.027497	0.027497	0.027497	0.027497	0.027497	0.027497	0.027497	0.027497	0.027497	0.027497
	P22	0.018388	0.018388	0.018388	0.018388	0.018388	0.018388	0.018388	0.018388	0.018388	0.018388	0.018388	0.018388	0.018388
P3	P31	0.016694	0.016694	0.016694	0.016694	0.016694	0.016694	0.016694	0.016694	0.016694	0.016694	0.016694	0.016694	0.016694
	P32	0.053814	0.053814	0.053814	0.053814	0.053814	0.053814	0.053814	0.053814	0.053814	0.053814	0.053814	0.053814	0.053814
	P33	0.032148	0.032148	0.032148	0.032148	0.032148	0.032148	0.032148	0.032148	0.032148	0.032148	0.032148	0.032148	0.032148
P4	P41	0.062392	0.062392	0.062392	0.062392	0.062392	0.062392	0.062392	0.062392	0.062392	0.062392	0.062392	0.062392	0.062392
	P42	0.035269	0.035269	0.035269	0.035269	0.035269	0.035269	0.035269	0.035269	0.035269	0.035269	0.035269	0.035269	0.035269
P5	P51	0.159390	0.159390	0.159390	0.159390	0.159390	0.159390	0.159390	0.159390	0.159390	0.159390	0.159390	0.159390	0.159390
	P52	0.096023	0.096023	0.096023	0.096023	0.096023	0.096023	0.096023	0.096023	0.096023	0.096023	0.096023	0.096023	0.096023
	P53	0.147142	0.147142	0.147142	0.147142	0.147142	0.147142	0.147142	0.147142	0.147142	0.147142	0.147142	0.147142	0.147142

图 5-6　Limited matrix(有限矩阵)

Clusters	P1	P2	P3	P4	P5
P1	0.303760	0.000000	0.148194	0.666667	0.382516
P2	0.078914	0.000000	0.075403	0.000000	0.000000
P3	0.078914	0.000000	0.363301	0.000000	0.199648
P4	0.128298	0.666667	0.136762	0.000000	0.000000
P5	0.410113	0.333333	0.276339	0.333333	0.527836

图 5-7　Cluster Matrix(簇矩阵)

Icon	Name	Normalized by Cluster	Limiting
No Icon	P11	0.38091	0.133791
No Icon	P12	0.49766	0.174800
No Icon	P13	0.12143	0.042652
No Icon	P21	0.59926	0.027497
No Icon	P22	0.40074	0.018388
No Icon	P31	0.16262	0.016694
No Icon	P32	0.52422	0.053814
No Icon	P33	0.31316	0.032148
No Icon	P41	0.63886	0.062392
No Icon	P42	0.36114	0.035269
No Icon	P51	0.39595	0.159390
No Icon	P52	0.23853	0.096023
No Icon	P53	0.36552	0.147142

Here are the priorities.

图 5-8　全局综合权重(归一化处理后的结果)

对上述权重进行四舍五入,并保留小数点后两位数,得到的数作为后续研究的权重数据。值得说明的是,在四舍五入后 P_3 和 P_5 的二级指标权重之和超过 1,这会影响后续计算,因此,按照最小损失值的原则,P_{32} 的权重取 0.53,P_{53} 的权重取 0.36。财经垂直门户信息服务模式绩效评估体系的指标权重在本课题中的研究如表 5-7 所示。当然,如果专家组对各指标的依存关系和依赖程度有不同的判断,该权重也会有变化。在不同的市场环境中研究相同的问题,专家的判断也会被影响,从而导致权重的改变。

表 5-7 财经垂直门户信息服务模式绩效评估指标体系(含权重)

一级指标	二级指标	权重
经营前景(P_1)	与企业战略目标的匹配度(P_{11})	0.38
	企业实施运作的能力(P_{12})	0.50
	业务模式的市场前景(P_{13})	0.12
内容挖掘(P_2)	内容挖掘的深度(P_{21})	0.60
	内容挖掘的广度(P_{22})	0.40
技术开发(P_3)	技术先进性(P_{31})	0.16
	研发经费投入(P_{32})	0.53
	技术实力(P_{33})	0.31
客户关系(P_4)	客户满意度(P_{41})	0.64
	客户忠诚度(P_{42})	0.36
效益(P_5)	直接收入来源(P_{51})	0.40
	间接收入来源(P_{52})	0.24
	社会效益(P_{53})	0.36

6 国内财经垂直门户信息服务模式绩效定量测度

对财经垂直门户信息服务模式进行绩效评估是为了更科学地选择较优的信息服务模式。第 4 章提及财经垂直门户信息服务模式的选择需要考虑具体的业务类型。因此,本章进行实证分析时先从业务类型的选择入手,再来看这些业务类型在有代表性的财经垂直门户的表现,并在此过程中,邀请投资者对各业务类型在有代表性的财经垂直门户的运行情况进行打分;然后采用合适的绩效评估方法进行测算,找出较优的业务类型,从而对财经垂直门户信息服务模式的选择情况进行排序。

6.1 业务类型的选择

Zott 和 Amit(2010)指出可通过活动系统的视角来设计商业模式[128],同时考虑到研究结论对财经垂直门户实际业务选择的现实指导意义,因此在选取业务类型时,本章结合第 4 章分析的有影响力的国内外财经垂直门户提供的信息内容、产品及服务和财经信息活动相关要素分析,再按照内容粗加工等 6 类服务模式进行拆分,得到如表 6-1 所示的 27 种有代表性的业务类型。

在选取业务类型时,我们主要基于中国国情和多数财经垂直门户的资源状况充分竞争的情况来考虑,剔除了如下几种情况:①带有垄断资源优势、排他性的,如电视、广播、报媒、信息披露业务(需要证监会指定披露报媒和网站进行披露)。②只有巨型企业才能提供的业务,如慈善、提供行业和组织解决方案。③受外部制约明显的业务或敏感信息,如比价信息、优惠券、彩票,政府、

表 6-1 财经垂直门户的服务模式及业务类型

服务模式	业务类型	简要说明
内容粗加工服务模式(M1)	Y1.行情数据发布	仅指向投资者提供行情信息,不包括行情销售服务
	Y2.财经信息发布	财经新闻、商业、市场、政策等信息发布,以转载为主
	Y3.原创资讯	门户自创或初步整理的资讯,非转载,非精细加工
	Y4.泛财经资讯收集与发布	如汽车、房产、能源、高科技等资讯的转载或初步加工
	Y5.生活休闲娱乐信息发布	—
内容精加工服务模式(M2)	Y6.财经资讯加工	如对收集到的资讯、理财信息进行加工,千股千评等
	Y7.财经数据加工	如公告整理,行业数据的统计月报,热门数据、标签、点击、排行榜等
	Y8.深度分析报告	如上市公司分析报告,商业分析报告等
	Y9.专题资讯	如对重大事件、热点事件进行专题报道等
内容包装服务模式(M3)	Y10.电子杂志	—
	Y11.理财视频课程	—
	Y12.个人门户	指登录后进入个人门户,我的菜单,个人中心,我的自选股,我的频道等,聚合私人言论、理财或模拟理财信息等
	Y13.组织专题活动	指线下组织活动,线上专题报道
内容传递服务模式(M4)	Y14.理财工具	如房贷计算器、个税计算器、新股中签查询工具等
	Y15.投资者教育	如股民学院、投资学院(学校)等
	Y16.模拟投资	如模拟炒股、模拟投资组合、模拟期货大赛等,目的在吸引初级投资者
	Y17.个性化推荐	通过网民浏览和搜索网页行为,推荐相关资讯和服务

(续表)

服务模式	业务类型	简要说明
平台服务模式 (M5)	Y18.搜索引擎	一般提供站内信息搜索,为站内用户传递信息
	Y19.网络广告	为广告客户搭建了宣传的平台,也是传递客户信息
	Y20.微信公众号、小程序	通过微信平台创建企业号、订阅号、服务号和应用小程序,提供财经资讯、服务和互动
	Y21.移动App	特指提供通过移动设备端进入网站资讯的入口
	Y22.财经资讯数据终端	可在PC端或移动设备端安装,提供整合的资讯、数据和服务
	Y23.网上金融交易	指证券、基金、私募等金融产品交易,如互联网金融"宝类"产品,提供PC端或者移动设备交易终端
	Y24.自媒体平台	如论坛/bbs、股吧、基金吧、理财吧、微博、博客、财富号、直播等,也是平台＋互动服务模式。搭建互动平台,网民主导内容、引起交流,创造平台价值
咨询服务模式 (M6)	Y25.名人互动	如高端访谈、会客厅、人物专栏,名人名博(博客、微博),实盘直播和专家直播等,也是平台＋互动服务模式。搭建平台,圈起名人,营造互动氛围,形成名人效应。以门户主导
	Y26.投资咨询	如智能投顾、投资大师等,帮助投资者决策;实盘直播也是咨询
	Y27.舆情服务	—

高层观点。④随着新技术发展逐渐被其他方式取代的业务,如SMS短信服务、电邮资讯在前几年移动GPRS流量费昂贵、移动应用开发市场不充分的情况下非常盛行,但随着通信技术的发展,流量费大幅降价,微信公众号和小程序、移动App等服务深受用户欢迎,用SMS短信、电邮资讯传递财经资讯的服务已逐渐被微信公众号和小程序、移动App等方式取代。不过在英美国家,电邮资讯的方式还使用得比较多。⑤多数财经垂直门户一般情况下不会采纳的业

务,如网站制作。有技术实力的企业都可以提供该业务,但仅限于提供非核心技术服务,而不会为自己制造一个竞争对手。企业规模不大的小企业在初期为了生存问题可能会承接一些小的技术集成服务以解决燃眉之急,待生存问题解决后会集中精力发展主营业务。当然,我们也可以把这些业务看作个性化服务。在财经垂直门户发展的不同阶段,这些业务可能帮助企业渡过难关,也可能构成业务壁垒,形成核心竞争力。而表 6-1 列出的 27 种业务类型可以看作财经垂直门户普遍可以采纳的业务类型,即稳定的业务单元,后续我们将对这些业务类型进行定量测度。

6.2 调研对象的选择和数据采集

6.2.1 调研对象的选择

上述业务类型在不同的财经垂直门户的表现情况会不一样,某些业务类型在这个门户有,且形成了核心竞争力,但在其他门户则很难发展,或者无法提供。在选择调研对象时,要考虑到被选对象的代表性和调研数据的可得性。通过第 3 章的分析,我们找到了 12 个国内外比较有影响力的财经垂直门户。在国外的 7 个财经垂直门户中,TRI 和 BB 在全球影响力都很大,WSJ、CNBC 传媒平台强大,MW 也有很好的媒体背景,MSM、MSE 主营比价信息,从这些门户所依托的企业背景来看,都远超过中国的财经垂直门户。因此,进行实证分析时,我们不考虑国外网站,仅在国内财经垂直门户中挑选调研对象。

近几年来,中国的财经垂直门户依然处于激烈的竞争状态。尽管我们找到的 HX、JRJ、EM、CJ 和 17ok 这 5 家财经垂直门户,自 2012 年以来在 Alexa 网站排名中保持较高位次,但他们的企业背景和实力还是有很大差距的。HX(总部在北京)是 20 世纪 90 年代的财经垂直门户,聚集了中国最早的投资者,有财讯传媒的背景支持,拿到了投资咨询、基金销售等众多资质,提供的资讯内容丰富,产品多样。JRJ(总部在北京)和 EM(总部在上海)则是 21 世纪初分别代表着北方和南方财经垂直门户新起之秀。它们虽然比HX起步晚,但市场后发优势明显,并且先后在美国NASDAQ和深圳创业板上市。这三家财经垂直门户的企业规模在国内属于中型企业。CJ和17ok的企业规模比前3家要小。CJ有《财经》杂志传媒的强力支持,《财经》杂志也在财讯传媒旗下,拥有部分政府资源;17ok虽在新三板上市,但企业实力不强,从网站运营情况看,以前提供的一些服务目前关闭,技术实力也一般。因此,这5家财经垂直门户分别代表着中国互联网起家、媒体起家和"互联网+"媒体起家的财经垂直门户,也是中、小型企业代表。课题组通过对这5家企业进行调研、网站分析和移动产品体验进行打分,并获取数据。此外,这5家财经垂直门户业务类型具有多样性,因此更需要进行科学评价和选择,而业务类型的选择结果可能具有市场普适性和导向性。

6.2.2 数据采集

被调研数据的获取过程比较复杂,因此对被调研者要求较高。为了保证数据获取过程的相对客观性和完备性,我们采用了课题组成员对财经垂直门户提供的产品和服务进行体验、评估并对业务类型进行打分的方法。数据采集前的准备工作有:①准备5张由业务类型和二级指标组成的二维表,每张分别代表HX、JRJ、EM、CJ和17ok这5家财经垂直门户的业务类型得分情况,后文称之为"打分表"。②将业务类型、二级指标的含义提供给评估者,并提供HX、JRJ、EM等门户的财经资讯数据终端链接地址。③把某门户明确没有的业务类型提供给评估者。④打分规则:每个网站填写一张打分表,每张打分表对应的单元格内填写0~1之间的数据(保留一位小数),表示该项业务类型在对应的二级指标下的吻合程度。其中,0表示没有该项业务;1表示完全吻合,满意度最高。越接近于0表示吻合程度越低;越接近于1表示吻合程度越高。

数据采集的要求如下:①全部在同一工作日的9:00—18:00完成,且填写打分表的时间含有股票交易时间段。②浏览被调研的5家网站,尽量使用手机号(该手机号同微信号)进行账号注册、登录,按照打分表对业务类型 Y1~Y19 和 Y27 进行打分。③在同一工作日使用手机微信搜索被调研的 5 家网站提供的微信公众号和小程序,关注、体验它们提供的资讯和服务,按照打分表对业务类型 Y20 进行打分。④使用手机微信扫描被调研的 5 家网站提供的移动 App 二维码,下载并安装到手机上,使用②中的账号登录,体验移动 App 资讯和服务,按照打分表对业务类型 Y21 进行打分。⑤下载财经资讯数据终端(提前把链接给评估者),使用注册的账号进行测试,看能否成功登录、使用,按照打分表对业务类型 Y22、Y27 进行打分。⑥使用注册的账号登录 HX、JRJ、EM 提供的网上金融交易产品,看能否成功登录、使用,按照打分表对业务类型 Y23 进行打分。⑦使用注册的账号登录 5 家网站,浏览微博、博客、财富号、直播,看能否成功登录、使用,按照打分表对业务类型 Y24~Y26 进行打分。

数据采集过程中,首先由课题组成员分别体验、评估打分,保留最原始的打分表;然后召开组会逐一讨论得分情况,达成共识后进行调整;最后得到 5 家门户的业务类型与二级指标 27×13 矩阵,共计 135 行记录,共 135×13 个数据。

6.3 评估模型

对决策单元(DMU)进行效率评价与排序,是管理学与运筹学领域的重要课题。DEA 模型已经被普遍接受并广泛应用于决策单元的效率评价与排序之中。基于效率评价的结果,DEA 模型常常被用来作为决策单元排序的工具,传统的 CCR 模型以及各种衍生模型都曾经被用来作为排序工具。从管理科学的角度来看,财经垂直门户信息服务模式的选择问题,实质上是对各个服务模式的效率进行排序的问题。课题组分别使用经典的 CCR、BCC 模型和改进过的 SUPER 模型、双前沿面 DEA 模型,对财经垂直门户各业务类型进行效率评估,再对数据处理结果进行整理分析,提出服务模式选择顺序和具体业务类型选择建议。

6.3.1 CCR 模型

为了分析各决策单元(DMU)的生产效率,Charnes 等人于 1978 年提出了一种重要的分析方法——数据包络分析(DEA)[129]。其中,CCR 模型是最为经典,也是应用最为广泛的一种 DEA 模型。

假设在规模报酬不变的情况下,有 n 个决策单元。每个决策单元消耗 m 种投入并生产 s 种产出。对于第 j 个决策单元而言,记其第 i 种投入为 $x_{ij}(i=1,2,\cdots,m)$,第 r 种产出为 $y_{rj}(r=1,2,\cdots,s)$。则面向投入的 CCR 乘数模型为:

$$\max \sum_{r=1}^{s} \mu_{ro} y_{ro}$$
$$s.t. \sum_{r=1}^{s} \mu_{ro} y_{rj} - \sum_{i=1}^{m} \omega_{io} x_{ij} \leqslant 0, j=1,2,\cdots,n \quad (1)$$
$$\sum_{i=1}^{m} \omega_{io} x_{io} = 1$$
$$\omega_{io}, \mu_{ro} \geqslant 0$$

其中,目标函数为最大化被评价 DMU 的效率值,约束中需要满足基本的 DEA 约束,即产出的加权和不大于投入的加权和。由于采用了 Charnes-Cooper 变换,公式(1)增加了被评价 DMU 的投入加权和等于 1 的约束,转变成线性化模型。求解后得到的目标函数值即为被评价 DMU 的 CCR 效率值。

6.3.2 BCC 模型

实际环境下的大多数企业、工厂或非营利组织等,其规模报酬都是可变的,以规模报酬不变为前提的 CCR 模型不适用于这些情况。因此,Banker 等人于 1984 年提出另一种 BCC 模型[130]。该模型可用于在规模报酬可变情况下的效率分析。

假设有 n 个决策单元(DMU)。每个决策单元消耗 m 种投入并生产 s 种产出。对于第 j 个决策单元而言，记其第 i 种投入为 $x_{ij}(i=1, 2, \cdots, m)$，第 r 种产出为 $y_{rj}(r=1, 2, \cdots, s)$。则面向投入的 BCC 乘数模型为：

$$\max \sum_{r=1}^{s} \mu_{ro} y_{ro} - u_o$$
$$s.t. \sum_{r=1}^{s} \mu_{ro} y_{rj} - \sum_{i=1}^{m} \omega_{io} x_{ij} + u_o e \leqslant 0, \ j=1, 2, \cdots, n \quad (2)$$
$$\sum_{i=1}^{m} \omega_{io} x_{io} = 1$$
$$\omega_{io}, \mu_{ro} \geqslant 0, \ u_o \ free.$$

与 CCR 模型对比，BCC 模型的不同之处在于自由变量 u_o 对效率计算的影响。它是由包络模型中的约束 $e\lambda=1$ 经过对偶变化得到。求解后得到的目标函数值即为被评价 DMU 的 BCC 效率值。

6.3.3 SUPER 模型

经典 DEA 模型可以评价决策单元的规模有效和技术有效性，但 CCR、BCC 模型在进行效率评价时，往往有很多决策单元的效率(有效指数)均为 1，因此无法选出最好的。而 Andersen 和 Petersen(1993) 提出的 SUPER 模型[131]往往不会得到相同的效率值，因此能够有效甄别各个单元之间的区别，能够衡量有效单元相对于其他单元的优劣程度，故能较合理地衡量有效单元之间的排列顺序。

假设有 n 个决策单元(DMU)，每个 DMU 消耗 m 种投入并生产 s 种产出。对于第 j 个决策单元，记其第 i 种投入为 $x_{ij}(i=1, 2, \cdots, m)$，第 r 种产出为 $y_{rj}(r=1, 2, \cdots, s)$。对于第 d 个 DMU，其 SUPER 效率指数由式(3)的规划计算得到：

$$\beta_d^{super} = \max \frac{\sum_{r=1}^{s} u_r y_{rd}}{\sum_{i=1}^{m} v_i x_{id}}$$

$$s.t. \frac{\sum_{r=1}^{s} u_r y_{rj}}{\sum_{i=1}^{m} v_i x_{ij}} \leqslant 1, j=1, 2, \cdots, n, j \neq d \qquad (3)$$

$$u_r \geqslant 0, v_i \geqslant 0, \forall r, i$$

为了便于计算求解,对公式(3)进行矩阵变换、C^2 变换和对偶规划,得到式(4):

$$\beta_d^{super} = \min \theta$$
$$s.t. \sum_{j=1}^{m} \lambda_j X_j \leqslant \theta X_d, \sum_{j=1}^{m} \lambda_j Y_j \geqslant Y_d \qquad (4)$$
$$\lambda_j \geqslant 0, j=1, 2, \cdots, m, j \neq d$$

其中,$X_j(j=1, 2, \cdots, m)$ 为投入矩阵,$Y_j(j=1, 2, \cdots, m)$ 为产出矩阵,决策单元 d 的投入、产出为 (X_d, Y_d)。

计算步骤为:首先,对每个 DMU 运算规划(2),选出具有最大 SUPER 效率的 DMU;其次,将已经选取的 DMU 排除,针对剩余的 DMU,重新运算规划(2);再次,选出具有最大 SUPER 效率的 DMU;最后,反复进行上述步骤,直至计算完所有的 DMU。

6.3.4 双前沿面 DEA 模型

传统的 DEA 排序研究都是基于最优前沿面进行的。然而,若同时考虑最优前沿面与最劣前沿面再进行排序,则更为合理。因此,课题组对 DEA 模型进行改进,算法如下:

假设有 n 个决策单元,每个决策单元消耗 m 种投入并生产 s 种产出。对于第 j 个决策单元而言,记其第 i 种投入为 $x_{ij}(i=1, 2, \cdots, m)$,第 r 种产出为 $y_{rj}(r=1, 2, \cdots, s)$。

Step 1: 各决策单元的 CCR 效率(即有效指数)评估。

对于第 d 个决策单元,其基于最优前沿面的 CCR 效率(即有效指数)由下面的规划计算得到：

$$\theta_d^{E-CRS} = \max \frac{\sum_{r=1}^{s} u_r y_{rd}}{\sum_{i=1}^{m} v_i x_{id}}$$

$$s.t. \frac{\sum_{r=1}^{s} u_r y_{rj}}{\sum_{i=1}^{m} v_i x_{ij}} \leqslant 1, j = 1, 2, \cdots, n \quad (5)$$

$$u_r \geqslant 0, v_i \geqslant 0, \forall r, i$$

Step 2：各决策单元的 CCR 无效效率（即无效指数）评估。

对于第 d 个决策单元，其基于最劣前沿面的 CCR 无效效率（即无效指数）由下面的规划计算得到：

$$\theta_d^{IE-CRS} = \mathrm{Min} \frac{\sum_{r=1}^{s} u_r y_{rd}}{\sum_{i=1}^{m} v_i x_{id}}$$

$$s.t. \frac{\sum_{r=1}^{s} u_r y_{rj}}{\sum_{i=1}^{m} v_i x_{ij}} \geqslant 1, j = 1, 2, \cdots, n \quad (6)$$

$$u_r \geqslant 0, v_i \geqslant 0, \forall r, i$$

Step 3：排序指数的计算。

对于一个 DMU 而言，其有效指数越大，其距离最优前沿面就越近；其无效指数越大，其距离最劣前沿面就越远。于是，一个 DMU 距离有效前沿面越近，且距离最劣前沿面越远，该 DMU 就应当获得越高的排序。因此，通过公式(7)确定的排序指数可以作为 DMU 的排序依据。

$$RDS_j = \frac{\theta_j^{IE-CRS} - 1}{1 - \theta_j^{E-CRS}} \quad (7)$$

这里，$RDS_j = \begin{cases} \dfrac{\theta_j^{IE-CRS}-1}{1-\theta_j^{E-CRS}} & 若\theta_j^{IE-CRS} \neq 1 \text{ 且}\theta_j^{E-CRS} \neq 1 \\[2mm] \dfrac{\varepsilon}{1-\theta_j^{E-CRS}} & 若\theta_j^{IE-CRS} = 1 \text{ 且}\theta_j^{E-CRS} \neq 1 \\[2mm] \dfrac{\theta_j^{IE-CRS}-1}{\varepsilon} & 若\theta_j^{IE-CRS} \neq 1 \text{ 且}\theta_j^{E-CRS} = 1 \\[2mm] \dfrac{\varepsilon}{\varepsilon}(=1) & 若\theta_j^{IE-CRS} = 1 \text{ 且}\theta_j^{E-CRS} = 1 \end{cases}$

其中，ε 为极小的正数，计算中可取 0.000 1。

6.4 数据处理

6.4.1 数据预处理方案

数据采集时要对各调研对象进行数据采集，构建各样本的业务类型与二级指标矩阵，保证得到第一手数据资料。对于 5 家财经垂直门户的 135 行记录，我们进行了两种预处理方案。方案一：把 135 行记录放在一个工作表中，剔除一行全部为 0 的记录（表示某门户没有提供该业务类型），得到113×13 矩阵，表示财经垂直门户现存的业务类型在市场中的表现情况，这 113 行记录就是 113 个决策单元（DMU）。方案二：把 5 个业务类型与二级指标 27×13 矩阵对应单元格的打分值取平均值，得到新的 27×13 矩阵，表示 27 个业务类型在整个市场中的平均状态，新的 27 行记录就是 27 个决策单元（DMU）。

6.4.2 数据处理流程

进行 DEA 分析时，对于方案一，得到了矩阵 B 后，首先进行 DEA 效率计算，得到现存 113 个业务类型的效率值；然后分别计算各业务类型的平均效率值，得到现存的 27 种业务类型的平均效率。对于方案二，将各样本的业务类型与二级指标矩阵转化为业务类型与一级指标纬度矩阵。处理流程如下：设业务类型与二级指标矩阵为 $A=(a_{ij})_{m\times n}$，其中 $a_{ij} \in [0,1]$，0 表示不提供相应业务类型，1 表示最高吻合度，打分数值越接近 1，吻合度越高；m 为业务类型个数；n 为二级指标个数，样本数为 x ($x=1, 2, \cdots, 5$)，一级指标个数为 w ($w=1, 2, \cdots, 5$)，业务类型与一级指标纬度构成的二维矩阵为 $B=(b_{ij})_{m\times w}$，二级指标权重构成行向量 $Q=(q_1, q_2, \cdots, q_n)$。将矩阵 A、B、Q 分别按照指标纬度分为 w 块，构成不同的子阵，即 $A=(A_1, A_2, \cdots, A_w)$，$B=(B_1, B_2, \cdots, B_w)$，$Q=(Q_1, Q_2, \cdots, Q_w)$，行向量 Q 中每个子向量的元素和为 1，则 $(b_{ij})=A_k Q'_k$，$k=1, 2, \cdots, w$，样本均值矩阵 $C=(c_{ij})_{m\times w}=\dfrac{1}{x}\sum_{i=1}^{x} B_i$。对样本均值矩阵 C 进行 DEA 效率计算，得到 27 种业务类型的效率值，即为各业务类型的市场平均效率。

6.4.3 数据统计特征

按照数据预处理方案一，我们先得到矩阵 A(113×13 矩阵)，再加入权重进行计算得到矩阵 B(113×5 矩阵)。按照方案二我们得到矩阵 A(27×13 矩阵)，再加入权重进行计算后得到矩阵 C(27×5 矩阵)。其中，客户关系、效益为输出指标，经营前景、内容挖掘、技术开发为输入指标。考虑到进行 DEA 分析时，投入越小越好，产出越大越好，而打分时对各二级指标的打分含义均是越大越好，故计算时对输入指标进行调整使之越小越好。这里采用取倒数的方法对输入指标进行调整。因此，对矩阵 B、矩阵 C 中的输入指标取倒数，输出指标保持不变，两种方案分别得到的数据统计结果如表 6-2 和表 6-3 所示。方案一总输入指标和总输出指标的均值分别为 2.479 和 0.428，标准差分别为 1.788 和 0.190。方案二总输入指标和总输出指标的均值分别为 2.548 和 0.358，标准差分别为 1.426 和 0.115。这两组数据都说明输入指标比较离散，而输出指标相对集中。同时方案一的总体投入比方案二的少，方案一的总体产出比方案二的高，方案一的产出离散程度比方案二的大。这与方案一反映市场现存业务类型的表现情况，方案二反映业务类型在整体市场中的平均状态相吻合。在各指标的评估方面，两种方案略有差异，方案一和方案二中投入最小的都是经营前景，且认可度高。但是,方案一中投入最大的是内容挖掘,认可程度偏离大;方案二中投入最大的是技术开发,认可程度较高。这说明市场总体认为技术开发的难度比内容挖掘的难度大,已经具备技术开发优势的企业容易形成技术壁垒。在产出指标方面,市场普遍认为客户关系比效益的产出效果要明显,但对客户关系的认可程度偏离度比效益高。这就是所谓的门户普遍重视流量、人气,而能否转化为实实在在的效益则要"八仙过海,各显神通"了。

表 6-2 数据统计特征(方案一)

统计特征	输入指标			输出指标	
	经营前景	内容挖掘	技术开发	客户关系	效益
最大值	6.757	10.000	10.000	0.900	0.740
最小值	1.000	1.000	1.242	0.100	0.036
指标均值	1.812	2.870	2.754	0.529	0.328
标准差	1.179	2.623	1.563	0.234	0.146

表 6-3 数据统计特征(方案二)

统计特征	输入指标			输出指标	
	经营前景	内容挖掘	技术开发	客户关系	效益
最大值	7.553	10.000	8.117	0.724	0.454
最小值	1.085	1.309	1.702	0.140	0.072
指标均值	2.029	2.659	2.956	0.443	0.274
标准差	1.240	1.737	1.300	0.137	0.092

6.5 实证结果分析

6.5.1 CCR模型计算结果

方案一：

表6-4 CCR模型计算结果排序(方案一)

代号	CCR_Eff	排名	代号	CCR_Eff	排名	代号	CCR_Eff	排名
Y1	0.580 5	12	Y11	0.455 1	19	Y21	0.703 4	6
Y2	0.686 2	7	Y12	0.576 3	13	Y22	0.871 7	1
Y3	0.234 2	24	Y13	0.825 8	2	Y23	0.807 4	3
Y4	0.418 2	23	Y14	0.223 8	25	Y24	0.427 8	22
Y5	0.177 6	27	Y15	0.513 4	16	Y25	0.639 3	9
Y6	0.563 4	15	Y16	0.630 8	10	Y26	0.709 5	5
Y7	0.509 5	17	Y17	0.648 5	8	Y27	0.197 8	26
Y8	0.571 7	14	Y18	0.429 8	21			
Y9	0.444 1	20	Y19	0.750 1	4			
Y10	0.488 0	18	Y20	0.603 3	11			

如表6-4所示，从排名前十的业务类型来看，它们依次归属于M5、M3、M6、M1和M4。另外，考虑到每一个服务模式所含业务类型的个数不一样，而业务类型的排名也有别，我们将各服务模式所含业务类型排名的均值作为该服务模式的得分。通过计算得到服务模式得分M={18.60,16.50,13.00,14.75,9.71,13.33}，得分越高，排序越靠后。这说明财经垂直门户信息服务模式从优

到劣依次为 M5、M3、M6、M4、M2 和 M1。比较排名前十的业务类型所属的服务模式,不难发现排名靠前的业务类型也多出现在排名靠前的服务模式中,即在方案一中,从 CCR 模型可推出 M5、M3 和 M6 是优选服务模式。

方案二:

表 6-5　CCR 模型计算结果排序(方案二)

代号	CCR_Eff	排名	代号	CCR_Eff	排名	代号	CCR_Eff	排名
Y1	0.819 8	8	Y11	0.450 5	19	Y21	1.000 0	2
Y2	1.000 0	1	Y12	0.473 1	18	Y22	0.574 5	15
Y3	0.377 5	22	Y13	1.000 0	3	Y23	0.475 3	17
Y4	0.660 6	12	Y14	0.208 6	24	Y24	0.594 2	14
Y5	0.292 2	23	Y15	0.520 7	16	Y25	0.656 6	13
Y6	0.841 0	7	Y16	0.392 4	21	Y26	0.434 9	20
Y7	0.696 6	9	Y17	0.046 9	27	Y27	0.152 7	25
Y8	0.933 4	5	Y18	0.664 2	11			
Y9	0.689 7	10	Y19	1.000 0	4			
Y10	0.115 0	26	Y20	0.853 6	6			

如表 6-5 所示,从排名前十的业务类型来看,它们依次归属于 M1、M5、M3 和 M2。各服务模式得分 $M=\{13.20,7.75,16.50,22.00,9.86,19.33\}$,得分越高,排序越靠后。这说明财经垂直门户信息服务模式从优到劣依次为 M2、M5、M1、M3、M6 和 M4。比较排名前十的业务类型所属的服务模式,虽然排名第一的业务 Y2 出现在 M1 中,但 M2 中的业务类型平均排名最高。总体来说,在方案二中,从 CCR 模型可推出 M2、M5、M1 和 M3 是优选服务模式。

6.5.2 BCC 模型计算结果

方案一：

表 6-6 BCC 模型计算结果排序（方案一）

代号	BCC_Eff	排名	代号	BCC_Eff	排名	代号	BCC_Eff	排名
Y1	0.683 5	19	Y11	0.653 1	20	Y21	0.895 6	5
Y2	0.879 6	7	Y12	0.755 5	15	Y22	0.997 2	1
Y3	0.378 4	27	Y13	0.891 9	6	Y23	0.926 6	2
Y4	0.630 0	22	Y14	0.456 2	24	Y24	0.598 9	23
Y5	0.454 9	26	Y15	0.639 8	21	Y25	0.790 0	11
Y6	0.846 8	8	Y16	0.737 5	16	Y26	0.904 0	4
Y7	0.683 5	18	Y17	0.765 2	14	Y27	0.455 0	25
Y8	0.812 0	10	Y18	0.696 4	17			
Y9	0.765 6	13	Y19	0.921 6	3			
Y10	0.775 0	12	Y20	0.822 8	9			

如表 6-6 所示，从排名前十的业务类型来看，它们依次归属于 M5、M6、M3、M1 和 M2。各服务模式得分 M ＝ {20.20,12.25,13.25,18.75,8.57,13.33}，得分越高，排序越靠后。这说明财经垂直门户信息服务模式从优到劣依次为 M5、M2、M3、M6、M4 和 M1。比较排名前十的业务类型所属的服务模式，M5 有优势，M3 的排序比较稳定，其他服务模式的波动有点大。因此，在方案一中，从 BCC 模型可推出 M5、M3 是优选服务模式。

方案二：

表 6-7 BCC 模型计算结果排序（方案二）

代号	BCC_Eff	排名	代号	BCC_Eff	排名	代号	BCC_Eff	排名
Y1	0.934 9	8	Y11	0.672 4	20	Y21	1.000 0	4
Y2	1.000 0	1	Y12	0.683 8	19	Y22	0.816 9	12
Y3	0.473 9	24	Y13	1.000 0	3	Y23	0.743 4	16
Y4	0.802 6	15	Y14	0.435 0	25	Y24	0.806 7	14
Y5	0.595 0	21	Y15	0.691 3	18	Y25	0.816 0	13
Y6	0.983 3	6	Y16	0.594 6	22	Y26	0.692 6	17
Y7	0.895 5	10	Y17	0.209 7	27	Y27	0.477 5	23
Y8	0.991 5	5	Y18	0.855 7	11			
Y9	0.973 1	7	Y19	1.000 0	2			
Y10	0.348 1	26	Y20	0.922 0	9			

如表 6-7 所示，从排名前十的业务类型来看，它们依次归属于 M1、M5、M3 和 M2。各服务模式得分 M＝{13.80,7.00,17.00,23.00,9.71,17.67}，得分越高，排序越靠后。这说明财经垂直门户信息服务模式从优到劣依次为 M2、M5、M1、M3、M6 和 M4。比较排名前十的业务类型所属的服务模式，虽然排名第一的业务 Y2 出现在 M1 中，但 M2 中的业务类型平均排名最高。因此，在方案二中，从 BCC 模型可推出 M2、M5、M1 和 M3 是优选服务模式。

6.5.3 SUPER 模型计算结果

方案一：

表6-8 SUPER 模型计算结果排序(方案一)

代号	Super_Eff	排名	代号	Super_Eff	排名	代号	Super_Eff	排名
Y1	0.605 0	11	Y11	0.455 1	19	Y21	0.715 3	5
Y2	0.686 2	7	Y12	0.589 8	13	Y22	0.871 7	1
Y3	0.234 2	24	Y13	0.825 8	2	Y23	0.807 4	3
Y4	0.418 2	23	Y14	0.223 8	25	Y24	0.427 8	22
Y5	0.177 6	27	Y15	0.513 4	16	Y25	0.685 8	8
Y6	0.563 4	15	Y16	0.630 8	10	Y26	0.709 5	6
Y7	0.509 5	17	Y17	0.648 5	9	Y27	0.197 8	26
Y8	0.571 7	14	Y18	0.429 8	21			
Y9	0.444 1	20	Y19	0.750 1	4			
Y10	0.488 0	18	Y20	0.603 3	12			

如表6-8所示，从排名前十的业务类型来看，它们依次归属于 M5、M3、M6、M1 和 M4。各服务模式得分 M = {18.40,16.50,13.00,15.00,9.71,13.33}，得分越高，排序越靠后。这说明财经垂直门户信息服务模式从优到劣依次为 M5、M3、M6、M4、M2 和 M1。比较排名前十的业务类型所属的服务模式，排名靠前的业务类型多在排名靠前的服务模式中。因此，在方案一中，从 SUPER 模型可推出 M5、M3 和 M6 是优选服务模式。

方案二：

表 6-9 SUPER 模型计算结果排序（方案二）

代号	Super_Eff	排名	代号	Super_Eff	排名	代号	Super_Eff	排名
Y1	0.819 8	8	Y11	0.450 5	19	Y21	1.366 6	1
Y2	1.165 1	3	Y12	0.473 1	18	Y22	0.574 5	15
Y3	0.377 5	22	Y13	1.011 5	4	Y23	0.475 3	17
Y4	0.660 6	12	Y14	0.208 6	24	Y24	0.594 2	14
Y5	0.292 2	23	Y15	0.520 7	16	Y25	0.656 6	13
Y6	0.841 0	7	Y16	0.392 4	21	Y26	0.434 9	20
Y7	0.696 6	9	Y17	0.046 9	27	Y27	0.152 7	25
Y8	0.933 4	5	Y18	0.664 2	11			
Y9	0.689 7	10	Y19	1.198 4	2			
Y10	0.115 0	26	Y20	0.853 6	6			

如表 6-9 所示，从排名前十的业务类型来看，它们依次归属于 M5、M1、M3 和 M2。各服务模式得分 M＝{13.60,7.75,16.75,22.00,9.43,19.33}，得分越高，排序越靠后。这说明财经垂直门户信息服务模式从优到劣依次为 M2、M5、M1、M3、M6 和 M4。比较排名前十的业务类型所属的服务模式，虽然排名第一的业务 Y21 出现在 M5 中，但 M2 中的业务类型平均排名最高，且每个业务类型都在前十中。因此，在方案二中，从 SUPER 模型可推出 M2、M5、M1 和 M3 是优选服务模式。

6.5.4 双前沿面 DEA 模型计算结果

方案一：

表 6-10 双前沿面 DEA 模型计算结果排序（方案一）

代号	θ_d^{E-CRS}	θ_d^{IE-CRS}	RDS_j	排名	代号	θ_d^{E-CRS}	θ_d^{IE-CRS}	RDS_j	排名
Y1	0.580 5	30.620 1	102 361.499 2	4	Y15	0.513 4	23.676 5	58.794 4	17
Y2	0.686 2	21.128 2	218.395 3	8	Y16	0.630 8	31.566 1	88.129 9	12
Y3	0.234 2	5.799 2	9.880 3	26	Y17	0.648 5	28.085 1	77.054 2	14
Y4	0.418 2	17.259 8	40.798 8	23	Y18	0.429 8	22.560 7	54.400 6	19
Y5	0.177 6	6.867 6	7.497 0	27	Y19	0.750 1	14.375 6	58.304 2	18
Y6	0.563 4	17.901 1	74.626 7	15	Y20	0.603 3	25.461 3	62.776 6	16
Y7	0.509 5	19.906 6	122.133 6	10	Y21	0.703 4	35.203 3	106 197.366 9	3
Y8	0.571 7	24.754 4	80.227 9	13	Y22	0.871 7	39.180 5	395.053 7	5
Y9	0.444 1	19.458 1	48.816 9	21	Y23	0.807 4	41.004 5	251.729 2	7
Y10	0.488 0	21.695 4	48.770 3	22	Y24	0.427 8	22.579 8	89.826 9	11
Y11	0.455 1	20.701 9	49.048 5	20	Y25	0.639 3	31.192 4	108 493.841 7	2
Y12	0.576 3	28.334 3	124 301.413 7	1	Y26	0.709 5	37.124 7	196.188 6	9
Y13	0.825 8	36.801 5	386.738 8	6	Y27	0.197 8	9.153 8	20.823 6	24
Y14	0.223 8	11.077 1	14.871 3	25					

如表 6-10 所示，单从基于最优前沿面的 θ_d^{IE-CRS} 效率评价结果来看，所有业务类型的效率值都小于 1，这说明它们没有达到技术有效。但业务 Y22、Y13、Y23 的效率值超过了 0.8，是比较有效的，可以优先选择。它们在双前沿面得到的效率值排序第 5~7 名。

单从基于最劣前沿面的 θ_d^{IE-CRS} 无效效率评价结果来看，所有无效效率值都大于 1。无效效率值越高，决策单元离最劣前沿面越远，决策单元对应的服务模式应该优先考虑。Y23 的无效效率值最高为 41.004 5，Y22、Y26、Y13、Y21 的无效效率值都超过了 35，这说明它们得到优选的可能性很大。相对而言，Y21 应比 Y8 更应得到优先选择。Y21 在双前沿面得到的效率值排序中排名第一，也说明其应得到优先选择。Y3 的无效效率值为 5.799 2，离最劣前沿面最近，是最后考虑选择的业务类型。Y3 在双前沿面中也是排名倒数第二，进一步说明可以考虑最后选择该业务类型。

显然，最优前沿面的分析结果与最劣前沿面的分析结果有差异。但在最优前沿面分析出比较有效的 3 种业务类型 Y22、Y13、Y23，在最劣前沿面分析中都得到了较高的认可。如果对这两组排序指数按照第 6.3.4 节中的 Step3 进行双前沿面 DEA 的处理，放大这种最劣前沿面与最优前沿面的差距得到 RDS 值，那么，RDS 值越高，排序越靠前，该服务模式越应该得到优先选择。从表 6-10 可以看出，RDS 的值域为 [7.497 0，124 301.413 7]，差距很大。从排名前十的业务类型 Y12、Y25、Y21、Y1、Y22、Y13、Y23、Y2、Y26 和 Y7 来看，它们依次归属于 M3、M6、M5、M1 和 M2。各服务模式得分 M＝{17.60，14.75，12.25，17.00，11.29，11.67}，得分越高，排序越靠后。这说明财经垂直门户信息服务模式从优到劣依次为 M5、M6、M3、M2、M4 和 M1。比较排名前十的业务类型所属的服务模式，排名第一的业务 Y12 在服务模式 M3 中，但 M3 中也有 2 个业务类型的排名比较靠后，不过总体上 M5、M6 和 M3 排名靠前。因此，可以认为它们是方案一中双前沿面 DEA 模型推出的优选服务模式。

方案二：

表 6-11 双前沿面 DEA 模型计算结果排序（方案二）

代号	θ_d^{E-CRS}	θ_d^{IE-CRS}	RDS_j	排名	代号	θ_d^{E-CRS}	θ_d^{IE-CRS}	RDS_j	排名
Y1	0.819 8	15.230 8	78.978 6	7	Y15	0.520 7	11.097 0	21.065 1	16
Y2	1.000 0	11.762 2	107 622.263 5	3	Y16	0.392 4	8.362 3	12.116 1	21
Y3	0.377 5	3.101 2	3.375 4	24	Y17	0.046 9	1.000 0	0.000 1	27
Y4	0.660 6	10.622 3	28.352 6	12	Y18	0.664 2	14.155 8	39.176 9	9
Y5	0.292 2	6.056 2	7.143 1	22	Y19	1.000 0	10.111 1	91 111.111 1	4
Y6	0.841 0	11.240 8	64.403 5	8	Y20	0.853 6	15.635 1	99.993 2	6
Y7	0.696 6	10.139 4	30.118 6	11	Y21	1.000 0	21.312 8	203 127.643 8	1
Y8	0.933 4	15.862 3	223.267 4	5	Y22	0.574 5	11.255 4	24.103 9	15
Y9	0.689 7	10.928 6	31.997 6	10	Y23	0.475 3	10.129 9	17.400 0	17
Y10	0.115 0	2.272 9	1.438 2	26	Y24	0.594 2	11.708 0	26.390 7	14
Y11	0.450 5	8.888 1	14.356 0	20	Y25	0.656 6	10.300 3	27.080 9	13
Y12	0.473 1	10.082 3	17.236 0	18	Y26	0.434 9	9.268 9	14.632 5	19
Y13	1.000 0	14.359 5	133 594.805 2	2	Y27	0.152 7	3.253 7	2.659 8	25
Y14	0.208 6	4.445 7	4.353 9	23					

单从基于最优前沿面的 θ_d^{E-CRS} 效率评价结果来看，提供 Y2、Y13、Y19 和 Y21 这 4 个业务类型的效率值为 1，其他业务类型的效率值都小于 1。这说明它们在规模收益不变的情况下，达到了技术有效。若财经类垂直门户选择这些

业务类型，较容易实现投入回报的均衡，可看作第一选择梯队。可见，该方案中最优前沿面与双前沿面得到的效率值排序前四名是一样的。

单从基于最劣前沿面的 θ_d^{IE-CRS} 无效效率评价结果来看，所有无效效率值都大于1，无效效率值越高，决策单元离最劣前沿面越远，决策单元对应的服务模式应该优先考虑。Y21 的无效效率值最高，为 21.312 8，比排名第 2 的 Y8 高出 34.4%。这说明相对而言，Y21 应比 Y8 更应得到优先选择。Y21 在双前沿面得到的效率值排序中排名第一，也说明可以优先选择。Y17 的无效效率值为 1.000 0，离最劣前沿面最近，是最后考虑选择的业务类型。Y17 在双前沿面中也是排名倒数第一，进一步说明可以考虑最后选择该业务类型。

显然，最优前沿面的分析结果与最劣前沿面的分析结果是有差异的。在最优前沿面分析出有效的 4 个业务类型中，只有 Y21 和 Y19 在最劣前沿面分析中得到了较高的认可。如果对这两组排序指数按照第 6.3.4 节中的 Step3 进行双前沿面 DEA 的处理，放大这种最劣前沿面与最优前沿面的差距得到 RDS 值，那么，RDS 值越高，排序越靠前，该服务模式越应该得到优先选择。从表 6-11 可以看出，RDS 的值域为 [0.000 1，203 127.643 8]，差距很大。从排名前十的业务类型 Y21、Y13、Y2、Y19、Y8、Y20、Y1、Y6、Y18 和 Y9 来看，它们依次归属于 M5、M3、M1 和 M2。各服务模式得分 M = {13.60,8.50,16.50,21.75,9.43,19.00}，得分越高，排序越靠后。这说明财经垂直门户信息服务模式从优到劣依次为 M2、M5、M1、M3、M6 和 M4。比较排名前十的业务类型所属的服务模式，虽然排名第一的业务 Y21 出现在 M5 中，但 M2 中的业务类型平均排名最高，且 4 个业务类型中有 3 个排名前十，第 4 个排名第十一。因此，可以认为在方案二中，从双前沿面模型可推出 M2 和 M5 是优选服务模式。

6.5.5 结果分析

1) 信息服务模式的比较分析

我们把 4 种模型分析方法推荐的信息服务模式排序放在一起考虑，得到如表 6-12 所示的方案一的排序情况和如表 6-13 所示的方案二的排序情况。

表 6-12 财经垂直门户信息服务模式排序(方案一)

代号	信息服务模式	CCR 排名	BCC 排名	SUPER 排名	双前沿排名	平均排名	排序
M1	内容粗加工服务模式(M1)	6	6	6	6	24	6
M2	内容精加工服务模式(M2)	5	2	5	4	16	4
M3	内容包装服务模式(M3)	2	3	2	3	10	2
M4	内容传递服务模式(M4)	4	5	4	5	18	5
M5	平台服务模式(M5)	1	1	1	1	4	1
M6	咨询服务模式(M6)	3	4	3	2	12	3

在方案一中，通过四种模型方法推导，我们发现服务模式 M5 在所有模型中排名最高，各模型排名均值排名也是最高的。这说明通过对被调研的财经垂直门户目前提供的业务类型进行分析，平台服务模式(M5)的效率最高。服务模式 M3 在 CCR 模型和 SUPER 模型的排名第二，但在 BCC 模型和双前沿面 DEA 模型的排名第三，在四个模型中总排名第二。这说明通过对被调研的财经垂直门户目前提供的业务类型进行分析，内容包装服务模式(M3)的效率次之。在所有模型排名中服务模式 M1 的排名最低，各模型排名均值排名也是最低的。这说明通过对被调研的财经垂直门户目前提供的业务类型进行分析，内容粗加工服务模式(M1)的效率最低。

表 6-13 财经垂直门户信息服务模式排序(方案二)

代号	信息服务模式	CCR 排名	BCC 排名	SUPER 排名	双前沿排名	平均排名	排序
M1	内容粗加工服务模式	3	3	3	3	12	3
M2	内容精加工服务模式	1	1	1	1	4	1
M3	内容包装服务模式	4	4	4	4	16	4
M4	内容传递服务模式	6	6	6	6	24	6
M5	平台服务模式	2	2	2	2	8	2
M6	咨询服务模式	5	5	5	5	20	5

在方案二中，通过四种模型方法推导，我们发现服务模式的排名在各模型中得到了一致性的认可，这说明通过对被调研的财经垂直门户目前提供的业务类型进行分析，各服务模式的效率从高到低排序为：内容精加工服务模式(M2)、平台服务模式(M5)、内容粗加工服务模式(M1)、内容包装服务模式

(M3)、咨询服务模式(M6)和内容传递服务模式(M4)。

2) 业务类型的比较分析

我们把4种模型分析方法推荐的业务类型排名放在一起考虑,得到如表6-14所示的方案一的业务类型排序情况和如表6-15所示的方案二的业务类型排序情况。

表6-14 财经垂直门户业务类型排序(方案一)

代号	业务类型	CCR排名	BCC排名	SUPER排名	双前沿排名	平均排名	排序
Y1	行情数据发布	12	19	11	4	11.50	11
Y2	财经信息发布	7	7	7	8	7.25	6
Y3	原创资讯	24	27	24	26	25.25	25
Y4	泛财经资讯收集与发布	23	22	23	23	22.75	23
Y5	生活休闲娱乐信息发布	27	26	27	27	26.75	27
Y6	财经资讯加工	15	8	15	15	13.25	15
Y7	财经数据加工	17	18	17	10	15.50	16
Y8	深度分析报告	14	10	14	13	12.75	14
Y9	专题资讯	20	13	20	21	18.50	19
Y10	电子杂志	18	12	18	22	17.50	17
Y11	理财视频课程	19	20	19	20	19.50	20
Y12	个人门户	13	15	13	1	10.50	9
Y13	组织专题活动	2	6	2	6	4.00	3
Y14	理财工具	25	24	25	25	24.75	24
Y15	投资者教育	16	21	16	17	17.50	17
Y16	模拟投资	10	16	10	12	12.00	12
Y17	个性化推荐	8	14	9	14	11.25	10

(续表)

代号	业务类型	CCR 排名	BCC 排名	SUPER 排名	双前沿排名	平均排名	排序
Y18	搜索引擎	21	17	21	19	19.50	20
Y19	网络广告	4	3	4	18	7.25	6
Y20	微信公众号、小程序	11	9	12	16	12.00	12
Y21	移动 App	6	5	5	3	4.75	4
Y22	财经资讯数据终端	1	1	1	5	2.00	1
Y23	网上金融交易	3	2	3	7	3.75	2
Y24	自媒体平台	22	23	22	11	19.50	20
Y25	名人互动	9	11	8	2	7.50	8
Y26	投资咨询	5	4	6	9	6.00	5
Y27	舆情服务	26	25	26	24	25.25	25

表 6-15　财经垂直门户业务类型排序（方案二）

代号	业务类型	CCR 排名	BCC 排名	SUPER 排名	双前沿排名	平均排名	排序
Y1	行情数据发布	8	8	8	7	7.75	8
Y2	财经信息发布	1	1	3	3	2.00	1
Y3	原创资讯	22	24	22	24	23.00	23
Y4	泛财经资讯收集与发布	12	15	12	12	12.75	12
Y5	生活休闲娱乐信息发布	23	21	23	22	22.25	22
Y6	财经资讯加工	7	6	7	8	7.00	7
Y7	财经数据加工	9	10	9	11	9.75	10
Y8	深度分析报告	5	5	5	5	5.00	5
Y9	专题资讯	10	7	10	10	9.25	9
Y10	电子杂志	26	26	26	26	26.00	26

(续表)

代号	业务类型	CCR排名	BCC排名	SUPER排名	双前沿排名	平均排名	排序
Y11	理财视频课程	19	20	19	20	19.50	20
Y12	个人门户	18	19	18	18	18.25	18
Y13	组织专题活动	3	3	4	2	3.00	3
Y14	理财工具	24	25	24	23	24.00	24
Y15	投资者教育	16	18	16	16	16.50	16
Y16	模拟投资	21	22	21	21	21.25	21
Y17	个性化推荐	27	27	27	27	27.00	27
Y18	搜索引擎	11	11	11	9	10.50	11
Y19	网络广告	4	2	2	4	3.00	3
Y20	微信公众号、小程序	6	9	6	6	6.75	6
Y21	移动App	2	4	1	1	2.00	1
Y22	财经资讯数据终端	15	12	15	15	14.25	15
Y23	网上金融交易	17	16	17	17	16.75	17
Y24	自媒体平台	14	14	14	14	14.00	14
Y25	名人互动	13	13	13	13	13.00	13
Y26	投资咨询	20	17	20	19	19.00	19
Y27	舆情服务	25	23	25	25	24.50	25

具体到各业务类型的绩效情况，从表6-14可知，在方案一中，我们发现各业务类型在4种模型方法推导过程中排名情况没有完全一致的。例如，Y22在CCR、BCC和SUPER模型中排名第一，但在双前沿面DEA模型中却排名第五；再如，Y5在CCR、SUPER和双前沿面DEA模型中排名倒数第一，但在BCC模型中却排名倒数第二。从表6-15可知，在方案二中，我们发现各业务类型在4种模型方法推导过程中排名情况只有Y8、Y10、Y17、Y24和Y25这5个完全一致，多数业务类型排名有差异。为了增强对业务类型的绩效评价的客观性，我们取各模型的排名均值，对排名均值进行排序，得到表6-14和表6-15

的最右列,以此反映各业务类型的绩效优劣。排名越靠前,绩效越优;排名越靠后,绩效越劣。

  波士顿矩阵(BCG Matrix)由美国著名的管理学家、波士顿咨询公司创始人布鲁斯·亨德森于20世纪60年代末期首创,用于协助客户从几个业务单元之间寻求最优的资源分配方案。这是一个企业用来分析和规划产品组合的工具,核心思想在于使产品或业务更符合市场需求发展的变化,以及将企业有限的资源有效地分配到合理的产品结构中,以保证企业受益[132]。布鲁斯认为,决定产品/业务结构的要素可分为市场吸引力和企业实力两类。这两类要素有若干影响因素。比较经典的是把销售增长率作为反映市场吸引力的综合指标,把相对市场占有率作为显示企业竞争实力的指标,并将其分别作为纵、横坐标,从而产生4个不同的象限,分别是明星区、金牛区、问题区和瘦狗区。因此,BCG矩阵又叫四象限法。美国通用电气公司于20世纪70年代开发了GE矩阵来进行新的投资组合分析。与BCG矩阵相比,GE矩阵提供了产业吸引力和业务实力之间的类似比较,并可以增减某些因素或对它们的权重进行改变,使GE矩阵适应企业的具体情况或某产业特殊性的要求。在此,我们借用BCG矩阵的四象限思想和GE矩阵的产业分析思想,用行业效率代表产业吸引力作为纵坐标,用现存业务类型的效率代表业务实力作为横坐标,从而建立四象限矩阵。通过前述研究,不难看出,方案一得出的业务类型排序情况反映的是现存业务类型的效率排名;方案二得出的业务类型排序情况反映的是业务类型在市场中的平均效率排名,即行业效率情况。这样把财经垂直门户的27个业务类型按照排名均值排序情况升序分布到四象限中,每个象限约7个业务类型,横坐标表示现存业务类型的效率情况,反映了提供现存业务类型的业务实力;纵坐标表示行业效率情况,也是市场平均效率,反映了业务类型的产业吸引力。按照这个思路,我们把方案一、方案二中各业务类型分别分布在图6-1和图6-2中,并用加粗的线条圈出在各对应象限雷同的业务类型,表示在两个方案中它们都得到了一致性的认可。值得说明的是,方案一中Y11、Y18和Y24并列排名第20,因此为了公平起见,都放在问题区。

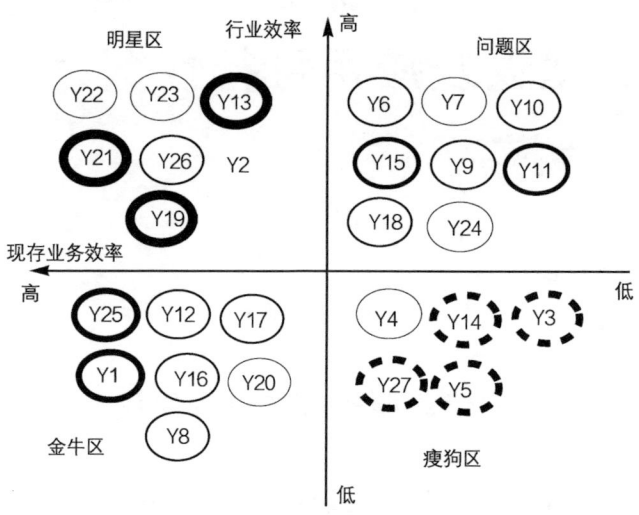

图 6-1 各业务类型的四象限分布图(方案一)

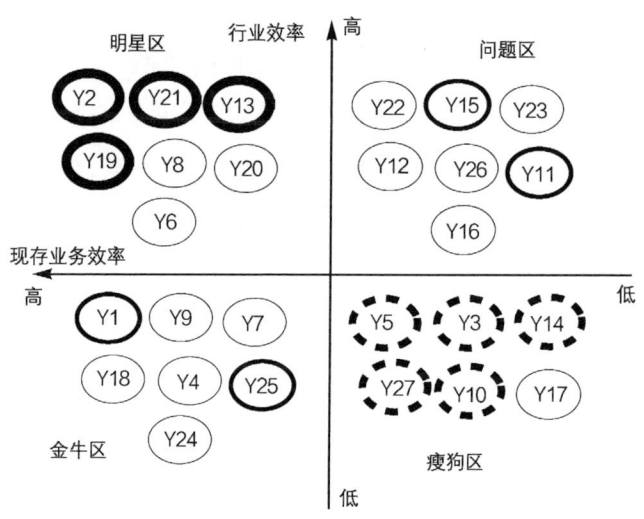

图 6-2 各业务类型的四象限分布图(方案二)

7 财经垂直门户信息服务模式选择的相关建议及应用可行性探讨

7.1 财经垂直门户信息服务模式选择建议

通过第 6 章对财经垂直门户信息服务模式绩效的定量测度和比较分析可知,方案一从提供现存业务类型的绩效角度给出了各服务模式的优选顺序依次是 M5、M3、M6、M2、M4 和 M1;方案二从市场平均绩效的角度给出了各服务模式的优选顺序依次是 M2、M5、M1、M3、M6 和 M4。方案一的结论是对现状的评估,方案二的结论是对行业平均状况的评估。因此,对于规模较小的财经垂直门户或未来拟向财经垂直门户方向发展的网站,建议以方案二的优选顺序为主要选择顺序。内容精加工服务模式(M2)对财经内容挖掘的要求高于技术开发的要求,企业比较容易上手,主要提供劳动密集型产品,适合技术开发能力一般或较弱的初创企业,但当内容深度开发时对技术也有很高要求。平台服务模式(M5)在方案一中排名第一,说明这种模式实际绩效很高。因此,在企业对财经内容精加工有一些成型的产品后,或者对于那些有较强技术开发实力的企业,可在模式 M5 上着重投入精力。内容包装服务模式(M3)也是被提供现存业务类型的财经垂直门户证实绩效较高的服务模式。内容包装是内容挖掘和技术开发综合作用的结果,在方案二中排名第四。内容粗加工服务模式(M1)在方案二中排名第三,但在方案一中却排名最后。综合来看,优先推荐 M3。我们再来计算两种方案对应服务模式的排序均值的排名,发现其优选顺序是 M5、M2、M3、M6、M1 和 M4。因此,通过定量分析,可归纳出研究结论的共同之处,即平台服务模式(M5)和内容精加工服务模式(M2)是财经垂直门户可优先选择的服务模式,内容包装(M3)、咨询(M6)和内容粗加工(M1)服务模式可根据企业资源状况选择,内容传递服务模式(M4)应最后考虑。

7.2 基于四象限法的财经垂直门户信息服务模式和业务类型选择建议

结合第6.5.5节中的四象限法分析和第7.1节中的信息服务模式选择建议,我们把建议优选的信息服务模式和在方案二中得到的业务类型标在表7-1中。其中,带 * 的表示该业务类型在方案一、方案二中得到了一致性认可。该优选分布中选择的优先级自上而下、从左至右依次降低。

表7-1 基于四象限法的财经垂直门户信息服务模式和业务类型优选分布

选择顺序	信息服务模式	明星区	金牛区	问题区	瘦狗区
优选	M5	Y21*、Y19*、Y20	Y18、Y24	Y22、Y23	
	M2	Y8、Y6	Y9、Y7		
根据资源选	M3	Y13*		Y12、Y11*	Y10
	M6		Y25*	Y26	Y27*
	M1	Y2*	Y1*、Y4		Y5*、Y3*
后选	M4			Y15*、Y16	Y14*、Y17

按照BCG和GE矩阵思想,明星区是行业效率和现存业务效率都高的区域。该区域的业务可以扩大投资发展以占据主导地位,这也是现有小型、新建或拟建财经垂直网站可以首选投资的业务类型。金牛区是行业效率稍低但现存业务效率高的区域,提供该区域业务的财经垂直门户取得了相对不错的收益,现有小型、新建或拟建财经垂直网站可以根据企业资源状况有重点地选择细分市场进行投资或者维持现状。问题区是行业效率相对高而现存业务效率低的区域,提供该区域业务的财经垂直门户市场有较高的预期,现有小型、新建或拟建财经垂直网站可以对市场进行细分并追求主导地位或者选择细分市场

进行专门化投资以谋求较好的市场份额。瘦狗区是行业效率和现存业务效率都相对低的区域，对于该区域的某些业务类型，现有小型、新建或拟建财经垂直网站可以根据企业资源配置情况选择加大投入、减小规模或者退出市场。很显然，在进行业务类型选择时，明星区、金牛区、问题区和瘦狗区的优先级是依次降低的。但四个区域中的业务类型不是固定不变的，也可能在某个截断面产生移动，从一个区域移动到另一个区域。

7.3 基于四象限法和前景理论的财经垂直门户业务类型选择建议

7.3.1 前景理论概述

前景理论是一种描述性范式的决策模型，由诺贝尔经济学奖得主丹尼尔·卡尼曼(Daniel Kahneman)和阿莫斯·特沃斯基(Amos Tversky)提出，也称KT理论。KT理论认为人是有限理性的，个体首先对最终可能的前景进行编辑，然后对编辑后的前景进行估值。在编辑阶段，个体的心理结构起了关键作用。这种经过个体编辑的前景反映了个体对未来潜在的损失或收益值的心理预期，个体在决策中更看重这种相对收益或损失而不是最终结果。这种不确定性分析理论也是行为金融学的主要理论基础之一，能解释许多"理性人"假设无法解释的现象。KT理论指出了四种风险态度：①在大概率下对于收益的风险回避。②在大概率下对于损失的风险寻求。③在小概率下对于收益的风险寻求。④在小概率下对于损失的风险回避[133]。

7.3.2 基于四象限法和前景理论的业务类型选择偏移

对于现有小型、新建或拟建财经垂直网站来说，第6.5.5节中的图6-2各业务类型的四象限分布是他们可以达到的市场平均状态，而图6-1现存业务类型的效率情况是他们可能编辑的前景，或者说是参考点(reference point)。在

图 6-1 的明星区的业务类型产生收益是大概率事情,在金牛区是收益小概率事情,在问题区是损失小概率事情,在瘦狗区是损失大概率事情。我们假设财经信息市场上的个体选择行为符合前景理论,那么对于没有达到一致性认可的那些业务类型在图 6-2 中会发生偏移。我们用"↓"表示向下向右偏移(即选择优先级降低),用"↑"表示向上向左偏移(即选择优先级提高),再假定短期偏移不跨区,那么可以得到如表 7-2 所示的财经垂直门户信息服务模式和业务类型选择建议分布。该优选分布中选择的优先级自上而下、从左至右依次降低。以业务 Y22 为例,Y22 在图 6-2 中位于问题区,但在图 6-1 中位于明星区。明星区的业务类型产生收益是大概率事件,但按照前景理论,个体选择时倾向于风险回避,因此 Y22 不能偏移到明星区,而是偏移到比明星区更保险的金牛区;同时,对于图 6-2 中的业务 Y22 来说是前进了一个分区,即业务 Y22 偏移到金牛区,表示为"Y22↑"。再如,业务 Y18 在图 6-2 中位于金牛区。但在图 6-1 中位于问题区。问题区的业务类型产生损失是小概率事情,但按照前景理论,个体选择时倾向于风险回避,因此业务 Y18 不能保留在金牛区,而是偏移到比金牛区更保险的问题区;同时对于图 6-2 中的业务 Y18 来说是后退了一个分区,即偏移到问题区,表示为"Y22↓"。其他依此类推,得到如表 7-2 所示的基于四象限法和前景理论的财经垂直门户信息服务模式及业务类型优选分布。

表 7-2　基于四象限法和前景理论的财经垂直门户信息服务模式及业务类型优选分布

选择顺序	信息服务模式	明星区	金牛区	问题区	瘦狗区
优选	M5	Y21*、Y19*、Y20	Y22↑、Y23↑	Y18↓、Y24↓	
	M2	Y8	Y6↓	Y9↓、Y7↓	
根据资源选	M3	Y13*	Y12↑	Y11*	Y10
	M6		Y25*、Y26↑		Y27*
	M1	Y2*	Y1*	Y4↓	Y5*、Y3*
后选	M4		Y16↑	Y15*、Y17↑	Y14*

7.4 财经垂直门户业务类型全效率分析及选择建议

为了在财经垂直门户业务类型选择方面给出更具体的一些建议,我们基于方案二从业务类型的市场平均绩效状况来进行效率分析,根据技术和规模效率状况给出选择建议,对运行效率低的业务类型进行投影分析并提出改进方向,对输入变量进行灵敏度分析并找出效率前沿业务类型的核心影响因素。

7.4.1 效率分析及选择建议

在经典 DEA 模型的基础上,我们计算出各业务类型的纯技术效率、规模报酬、输入和输出松弛变量值,如表 7-3 所示。其中,综合生产效率、纯技术效率和规模效率通常用"CRSTE""VRSTE""SCALE"分别表示;该业务类型处于规模报酬递增区间、规模报酬递减区间和规模报酬不变区间通常用"irs""drs""—"分别表示;排名通常用"RANK"表示;输入松弛变量值和输出剩余变量值通常用"INPUT SLACKS""OUTPUT SLACKS"分别表示。

表 7-3 基于经典 DEA 的各业务类型效率值及变量结果

业务类型代号	综合生产效率	纯技术效率	规模效率	规模报酬	排名	输入松弛变量值			输出剩余变量值	
						s_1^-	s_2^-	s_3^-	s_1^+	s_2^+
Y1	0.819 8	0.876 9	0.934 9	drs	8	0.341	0.000	0.287	0.000	0.123
Y2	1.000 0	1.000 0	1.000 0	—	1	0.000	0.000	0.000	0.000	0.000
Y3	0.377 5	0.796 6	0.473 9	drs	22	1.379	1.496	2.525	0.224	0.000
Y4	0.660 6	0.823 1	0.802 6	drs	12	0.502	0.000	0.957	0.000	0.085
Y5	0.292 2	0.491 0	0.595 0	drs	23	1.372	0.000	0.105	0.000	0.026
Y6	0.841 0	0.855 3	0.983 3	drs	7	0.049	0.000	0.172	0.000	0.060
Y7	0.696 6	0.777 8	0.895 5	drs	9	0.341	0.000	0.888	0.000	0.132
Y8	0.933 4	0.941 4	0.991 5	drs	5	0.104	0.000	0.087	0.000	0.103
Y9	0.689 7	0.708 8	0.973 1	drs	10	0.198	0.000	0.281	0.000	0.023
Y10	0.115 0	0.330 3	0.348 1	drs	26	2.118	1.621	2.843	0.000	0.000
Y11	0.450 5	0.670 0	0.672 4	drs	19	1.018	0.000	0.661	0.000	0.002

(续表)

业务类型代号	综合生产效率	纯技术效率	规模效率	规模报酬	排名	输入松弛变量值			输出剩余变量值	
						s_1^-	s_2^-	s_3^-	s_1^+	s_2^+
Y12	0.473 1	0.691 8	0.683 8	drs	18	0.574	0.000	0.410	0.000	0.033
Y13	1.000 0	1.000 0	1.000 0	—	3	0.000	0.000	0.000	0.000	0.000
Y14	0.208 6	0.479 5	0.435 0	drs	24	1.735	1.376	1.857	0.000	0.000
Y15	0.520 7	0.753 2	0.691 3	drs	16	1.016	0.046	0.373	0.000	0.000
Y16	0.392 4	0.659 8	0.594 6	drs	21	1.256	0.000	0.611	0.000	0.022
Y17	0.046 9	0.223 8	0.209 7	drs	27	6.465	5.230	4.778	0.000	0.000
Y18	0.664 2	0.776 2	0.855 7	drs	11	0.318	0.000	0.008	0.000	0.062
Y19	1.000 0	1.000 0	1.000 0	—	4	0.000	0.000	0.000	0.000	0.000
Y20	0.853 6	0.925 9	0.922 0	drs	6	0.068	0.431	0.380	0.000	0.000
Y21	1.000 0	1.000 0	1.000 0	—	2	0.000	0.000	0.000	0.000	0.000
Y22	0.574 5	0.703 3	0.816 9	drs	15	0.668	0.000	0.103	0.000	0.123
Y23	0.475 3	0.639 4	0.743 4	drs	17	0.712	0.638	0.566	0.000	0.000
Y24	0.594 2	0.736 6	0.806 2	drs	14	0.572	0.000	0.403	0.000	0.093
Y25	0.656 6	0.804 7	0.816 0	drs	13	0.149	0.299	0.058	0.025	0.000
Y26	0.434 9	0.627 9	0.692 6	drs	20	0.764	0.000	0.345	0.000	0.062
Y27	0.152 7	0.319 7	0.477 5	drs	25	1.858	0.000	0.633	0.000	0.006

效率分析侧重于分析DEA效率值的大小,找到业务单元(DMU)的效率前沿,为后续的投影分析打下基础。根据Michael和Barry(1991)对整体效率值强度的分类[134],可对财经垂直门户各业务类型的发展状况进行分类并给出如下建议:

(1) 处于最优生产规模和效率前沿的业务类型有业务Y2、Y13、Y19和Y21。它们的CRSTE=VRSTE=SCALE=1,并且$s_i^-=0$,$i=1,2,3$,$s_j^+=0$,$j=1,2$,说明这4个业务类型的营运有效率,不仅是技术有效,规模也有效。这4个业务类型构成了DEA的效率前沿,可以作为现有小型、新建或拟建财经垂直网站进行业务类型选择的首选业务。

(2) 除了达到效率前沿的Y2、Y13、Y19和Y21这4个业务外,其他业务都是规模相对过大,占总业务类型的85.2%。它们的SCALE<1,规模报酬呈递减状态(drs),并且其投入松弛变量最少有2个不为零(s_1^-,s_3^-),说明这些业

务固定成本相对过大而无法配合变动成本,容易造成平均成本的提高和投入过剩。

(3) 短期易改善的业务类型有业务 Y8 和 Y20。它们的 VRSTE 和 SCALE 均在 0.9 至 1 之间,属于边缘无效率的业务类型。如果短期内能稍稍调整其投入或产出,就很容易达到最优生产规模和相对有效率状态。对于业务 Y8,由于 s_1^-,s_3^-,s_2^+ 不为零,s_2^-,s_1^+ 为零,说明财经垂直门户普遍很看好该业务,在内容挖掘和技术开发方面大量投入,能带来较好的客户关系,客户满意度和忠诚度高。虽然在"内容挖掘"方面投入有效,但在重视程度和"技术开发"方面投入有些过量,因此并没有带来很好的效益。如果适当调整投入可能能改善效益的产出。业务 Y20 的输入松弛 s_1^-,s_2^-,s_3^- 不为零,s_1^+,s_2^+ 为零,说明达到了产出有效,但财经垂直门户在投入方面过剩。可能适当减低投入,也能得到不错的效益。

(4) 技术和规模均无效率的业务类型有 Y3、Y4、Y5、Y7、Y10、Y11、Y12、Y14、Y15、Y16、Y17、Y18、Y22、Y23、Y24、Y25、Y26、Y27,占总业务类型的 66.7%。它们的 VRSTE<0.9,SCALE<0.9。在这些业务类型中,从产出松弛变量来看,除了 Y3 和 Y25 的"客户关系"维护没有达到有效,其他的业务类型都保持了很好的客户满意度和忠诚度,但 Y3 和 Y25 的"效益"产出是有效的;有 38.9% 的业务类型达到了"效益"产出有效,并且业务 Y10、Y14、Y15、Y17 和 Y23 的"客户关系"和"效益"产出均有效。从投入松弛变量来看,有 61.1% 的业务类型在"内容挖掘"投入有效,但这些业务类型的"经营前景"和"技术开发"投入无效。结合投入和产出变量松弛有效性情况,"内容挖掘"方面的投入有利于维护客户关系,对无效的业务类型进行改善的重点在投入变量"经营前景"和"技术开发",并且财经垂直门户在业务 Y10、Y14、Y15、Y17 和 Y23 上的投入过剩,可适当降低。

(5) 技术无效率而规模相对有效的业务类型仅 Y1、Y6 和 Y9。因为它们全部是 VRSTE<0.9,0.9<SCALE<1,规模报酬呈递减状态(drs),s_1^-,s_3^-,s_2^+ 不为零,s_2^-,s_1^+ 为零。这说明财经垂直门户看好这 3 个业务,在内容挖掘方

面投入有效,客户满意度和忠诚度高,要么提高业务经营实力,加大技术开发以提高效益;要么适当降低投入,以达到绩效平衡。

(6)从综合效率来看,在 27 个业务类型中,仅有 4 个业务营运达到了相对有效率,其他 23 个业务营运相对低效率,需要减少规模,并且其营运效率的高低程度依照排名的增加而降低。85.2%的业务类型过剩投入,这有可能是财经垂直门户业务过于分散,资源配置过于零乱,也有可能是业务设计不够合理,或者经营管理不善等原因。总之,这些营运效率比较低的业务类型还需进一步研究。

7.4.2 投影分析及选择建议

根据经典 DEA 模型效率分析结果,Y2、Y13、Y19 和 Y21 这 4 个业务类型构成了 DEA 的效率前沿,其他 23 个业务类型为相对低效率。这些低效率的业务类型距离 DEA 有效率的差距有多大呢?可否通过管理活动加以改进?在此,我们将 CCR 模型计算出的各业务类型的目标效率整理出来进行投影分析,为低效率业务类型绩效的改进方向提供参考,如表 7-4 所示。

表 7-4 CCR 模型计算的投影值(目标效率)结果表

业务类型代号	输入指标			输出指标	
	经营前景	内容挖掘	技术开发	客户关系	效益
Y1	1.123	1.623	1.738	0.628	0.437
Y2	1.137	1.309	3.028	0.614	0.396
Y3	1.465	1.553	2.306	0.571	0.454
Y4	1.121	1.812	1.833	0.633	0.433
Y5	1.100	3.623	2.755	0.685	0.394
Y6	1.132	1.397	2.551	0.618	0.411
Y7	1.123	1.603	1.727	0.627	0.437
Y8	1.127	1.488	2.054	0.623	0.427
Y9	1.127	1.488	2.054	0.623	0.427
Y10	1.107	3.008	2.442	0.667	0.407
Y11	1.116	2.273	2.068	0.646	0.423

（续表）

业务类型代号	输入指标			输出指标	
	经营前景	内容挖掘	技术开发	客户关系	效益
Y12	1.115	2.294	2.079	0.647	0.422
Y13	1.465	1.553	2.306	0.571	0.454
Y14	1.116	2.248	2.055	0.645	0.423
Y15	1.115	2.313	2.088	0.647	0.422
Y16	1.112	2.632	2.251	0.656	0.415
Y17	1.088	4.770	3.338	0.717	0.369
Y18	1.117	2.101	1.981	0.641	0.427
Y19	1.085	5.000	3.455	0.724	0.364
Y20	1.147	1.553	1.744	0.622	0.439
Y21	1.124	1.553	1.702	0.626	0.438
Y22	1.117	2.101	1.981	0.641	0.427
Y23	1.123	1.595	1.723	0.627	0.437
Y24	1.12	1.894	1.875	0.635	0.431
Y25	1.465	1.553	2.306	0.571	0.454
Y26	1.115	2.358	2.112	0.649	0.421
Y27	1.097	3.968	2.931	0.695	0.386

为了一目了然地展现实际值与目标值的差距，我们用实际值与目标值的离差作图，结果如图7-1所示。从图中可以清晰地看到，对于输入变量"经营前景"来说，有Y2、Y6、Y13、Y19和Y21这5个业务类型实现了单个输入指标的实际值与目标值一致；其他22个业务类型的实际值超过目标值，其中Y3、Y5、Y10、Y14、Y16、Y17和Y27超出幅度较大（大于1）。对于输入变量"内容挖掘"来说，有业务Y1、Y2、Y4、Y5、Y6、Y7、Y8、Y9、Y11、Y12、Y13、Y15、Y16、Y18、Y19、Y21、Y22、Y24、Y26和Y27这20个业务类型实现了单个输入指标的实际值与目标值一致，占总业务类型的74.1%；其他7个业务类型的实际值超过目标值，其中Y3、Y10、Y14和Y17超出幅度较大（大于1）。对于输入变量"技术开发"来说，有Y2、Y13、Y18、Y19和Y21这5个业务类型实现了单个输入指标的实际值与目标值一致；其他22个业务类型的实际值超过目标值，其

中 Y3、Y10、Y14 和 Y17 超出幅度较大(大于 1)。

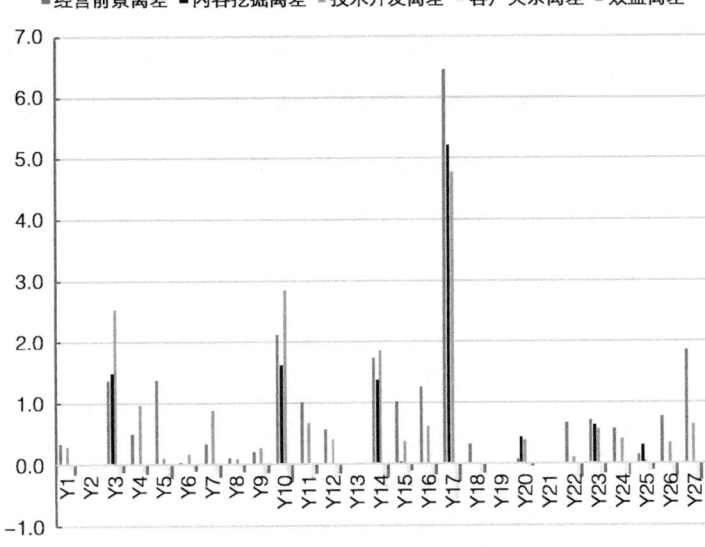

图 7-1　各业务类型的实际值与目标值的离差分布

同理，通过对输出变量的投影分析可知，业务 Y2、Y13、Y19、Y20 和 Y21 这 5 个业务类型的"客户关系""效益"产出的实际值与目标值均一致；业务 Y8 的"客户关系"产出的实际值与目标值一致；其他 21 个业务类型的实际值都低于目标值，最大低幅是 0.6。这说明其他 21 个业务类型的产出还明显不足，有提升空间。

综上分析说明，业务 Y3、Y10、Y14 和 Y17 在降低成本、提高效率方面还有极大改善空间，特别是业务 Y17，投入离差最大，需要挖掘提升商业价值的途径。同时，近半数的业务类型在经营前景方面估计过于乐观，在技术开发方面投入过多，但并没有达到预想的经济效益和社会效益。

7.4.3　灵敏度分析及选择建议

所谓灵敏度分析是指分析当输入或输出变量增加或者减少时对效率值的影响。为了不显得累赘，这里不列出对所有输入与输出变量逐一剔除后得到的单要素敏感分析过程，只列出在 CCR 模型中剔除"内容挖掘"变量后的灵敏度分析结果,如表7-5所示。比较表7-3与表7-5,效率值得分情况发生了变化,DEA效率前沿上的业务类型由原来的4个变成2个,即业务Y2、Y13、Y19和Y21中只剩下了Y19和Y21,业务Y2和Y13丧失了DEA有效地位。这说明在这2个业务类型中,"内容挖掘"变量对该业务的整体绩效非常敏感,对效率值贡献极大,增加或者降低该业务的内容挖掘能显著影响产出效果。再依次分别剔除"经营前景""技术开发"输入变量进行单要素敏感分析,DEA效率前沿上的DMU剩下的分别是业务Y2、Y13和Y21,业务Y2、Y19和Y21。可见,"内容挖掘"对业务Y2的影响最显著;"内容挖掘"和"技术开发"都对业务Y13产生影响,且"技术开发"的影响更大一些;"经营前景"对业务Y19的影响最显著;"经营前景""内容挖掘"和"技术开发"这3个输入变量都对业务Y21的影响不显著。

表7-5 减少输入内容挖掘变量后效率模型计算结果

业务类型代号	综合生产效率	纯技术效率	规模效率	规模报酬	排名	输入松弛变量值			输出剩余变量值	
						s_1^-	s_2^-	s_3^-	s_1^+	s_2^+
Y1	0.735	0.850	0.865	drs	7	0.347	—	0.000	0.000	0.103
Y2	0.925	0.944	0.980	drs	3	0.023	—	0.879	0.000	0.000
Y3	0.304	0.744	0.409	drs	22	1.379	—	2.525	0.224	0.000
Y4	0.552	0.744	0.742	drs	14	0.523	—	0.000	0.000	0.015
Y5	0.292	0.445	0.657	drs	23	1.375	—	0.000	0.000	0.019
Y6	0.734	0.773	0.949	drs	8	0.080	—	0.000	0.000	0.007
Y7	0.573	0.713	0.805	drs	12	0.360	—	0.000	0.000	0.070
Y8	0.832	0.901	0.924	drs	5	0.118	—	0.000	0.000	0.081
Y9	0.579	0.678	0.854	drs	10	0.210	—	0.222	0.000	0.000
Y10	0.114	0.311	0.366	drs	26	2.118	—	2.843	0.000	0.000
Y11	0.417	0.646	0.645	drs	20	1.018	—	0.641	0.000	0.000

(续表)

业务类型代号	综合生产效率	纯技术效率	规模效率	规模报酬	排名	输入松弛变量值			输出剩余变量值	
						s_1^-	s_2^-	s_3^-	s_1^+	s_2^+
Y12	0.473	0.646	0.732	drs	18	0.583	—	0.000	0.000	0.001
Y13	0.793	1.000	0.793	drs	6	0.000	—	0.000	0.000	0.000
Y14	0.209	0.465	0.449	drs	24	1.735	—	1.857	0.000	0.000
Y15	0.521	0.728	0.715	drs	16	1.016	—	0.373	0.000	0.000
Y16	0.392	0.614	0.639	drs	21	1.262	—	0.321	0.000	0.000
Y17	0.047	0.195	0.240	drs	27	6.465	—	4.778	0.000	0.000
Y18	0.664	0.757	0.878	drs	9	0.319	—	0.000	0.000	0.061
Y19	1.000	1.000	1.000	—	1	0.000	—	0.000	0.000	0.000
Y20	0.854	0.921	0.927	drs	4	0.068	—	0.380	0.000	0.000
Y21	1.000	1.000	1.000	—	1	0.000	—	0.000	0.000	0.000
Y22	0.575	0.680	0.845	drs	11	0.671	—	0.000	0.000	0.116
Y23	0.475	0.638	0.745	drs	17	0.712	—	0.566	0.000	0.000
Y24	0.549	0.699	0.786	drs	15	0.581	—	0.000	0.000	0.064
Y25	0.573	0.769	0.745	drs	12	0.149	—	0.058	0.025	0.000
Y26	0.435	0.588	0.740	drs	19	0.771	—	0.000	0.000	0.036
Y27	0.153	0.286	0.533	drs	25	1.860	—	0.556	0.000	0.000

7.5 财经垂直门户优选信息服务模式和业务类型的应用可行性探讨

不同的财经垂直门户可能会因其人才、技术、资金和社会网络等资源的差异而选择不同的服务模式。李东等(2010)认为商业模式的框架构建可从定位、利益、收入和资源四个板块的规则进行设计[135]。财经垂直门户的关键资源是财经信息内容和技术开发。从企业资源的不同,课题组尝试给出财经垂直门户服务模式选择的几点建议,并结合第7.3和第7.4节中的业务类型分析,探讨优选业务类型的应用可行性,为现有、新建或拟建财经垂直门户制定业务策略提供参考。

(1) 财经信息内容团队和技术开发实力都很强的财经垂直门户,可优先选择财经信息内容包装(M3)和咨询(M6)服务模式。随着互联网、移动网络和信息接收端的快速发展,投资者对财经资讯内容的丰富程度和获取渠道的多样性提出了更高的要求,把同一篇财经新闻以不同的文字报道长度、不同的感统接受方式、不同的平台传播方式在不同的时间准确地推送给投资者变得越来越重要,因此,高价值的财经内容包装产品不仅对内容提出了要求,也对技术提出了要求。组织专题活动(Y13)在各模型排名中得分都很高,且在经典 DEA 模型的效率分析中其技术效率和规模效率都达到了最优。通过和讯网、金融界、东方财富和财经网这4家门户的实际运营情况发现,该业务类型不仅带来了大量高端的用户流量,还直接产生了广告收入,专题活动频道的用户黏度高,经济效益和社会效益都很高,因此,可以优先选择。个人门户(Y12)虽在市场整体状况分析中处于问题区,但从和讯网、金融界、东方财富和财经网这4家门户的实际运营情况看,该业务类型处于金牛区,在各模型排名中均为前十。这说明该业务类型实际应用情况良好,基于前景理论分析,该业务类型偏移到了金牛区。财经垂直门户在面向个人投资者提供服务时,对投资者个人信息的掌握至关重要,而个人门户就是收集个人投资者信息的最好方式,内容挖掘能力越强的门户越能吸引个人投资者的关注,技术开发能力越强的门户越能锁定个人投资者,精准定位用户需求,因此,该业务类型值得优选。名人互动(Y25)和投资咨询(Y26)在各模型排名中经常居于前十。和讯网、金融界和东方财富这3家门户都有提供,财经网提供了业务 Y25。从它们的实际运营情况看,采用名人互动和投资咨询的形式多样,有高端访谈、会客厅、人物专栏和名人名博(博客、微博),还有智能投顾、投资大师、实盘直播和专家直播等。搭建平台,圈起名人,通过直播等各种方式安排专家给投资者答疑甚至提供投资建议,既凝聚人气,营造互动氛围,也带来了直接收入。当年长投资者都习惯了从互联网和手机上获取炒股资讯、接收投资咨询服务时,付费购买信息服务也不是难事。

(2) 内容团队能力较强而技术开发实力一般的财经垂直门户,可优先选择内容精加工服务模式(M2)。暨南大学新闻与传播学院院长、教授、博士生导师范以锦在接受徐峰记者采访中提到内容价值有社会价值和商业价值之分,传统媒体的困境不是内容的困境而是自身平台传播力弱和商业价值变现难,"传播力第一层次是内容传播""不管是新媒体,还是传统媒体,优质内容都是抢手货"[136]。内容精加工对人力资本、知识资本的要求高,财经垂直门户上的网民多是投资者,对财富的增值、保值有执念,面向投资者提供优质的财经信息内容是持续吸引网民的根本。财经垂直门户通过网络平台做新媒体,比传统媒体有平台传播的天然优势,很难原创财经新闻,但可以基于传媒新闻从横向去比较某些内容粒度,从纵向去挖掘某内容粒度的演变趋势,这些精加工内容放在平台进行传播也很有可能产生商业价值。在模型分析中,提供深度分析报告(Y8)、财经资讯加工(Y6)排名靠前,也说明它们具有较好的经营绩效和市场空间。

(3) 技术开发实力较强而内容团队能力一般的财经垂直门户,特别是移动开发能力强的企业,可优先选择平台服务模式。习近平总书记于2014年8月在中央全面深化改革领导小组第四次会议上指出以"坚持传统媒体和新兴媒体优势互补、一体发展,坚持先进技术为支撑、内容建设为根本,推动传统媒体和新兴媒体在内容、渠道、平台、经营、管理等方面的深度融合"[137]。"内容为本"是出版传媒业的基本理念,"平台为王"是提升"内容为本"价值的强大支撑[138]。提供移动App(Y21)、网络广告(Y19),微信公众号、小程序(Y20)和App(Y21)等业务在各模型排名都靠前,在效率前沿或者接近效率前沿。这几个业务类型在和讯网、金融界、东方财富、财经网和财界网这5家财经垂直门户都得到重视,属于明星区业务,可作为平台服务模式的第一选择。财经资讯数据终端(Y22)和网上金融交易(Y23)在提供该业务的和讯网、金融界和东方财富这3家财经垂直门户中也得到重金打造,从内容和技术两个方面强化投入,带来了很好的效益。特别是业务Y23已成为这3家门户重要的主营业务收入来源。业务 Y22 对先进技术的依赖性高于对内容的依赖性，业务 Y23 则对牌照资源有依赖性。如果企业具有销售基金的牌照，或者能与基金代销机构合作，提供网上金融交易（Y23）也是不错的选择。技术实力强的网站还可以选择提供垂直搜索引擎（Y18）和自媒体平台（Y24）业务。和讯网、金融界、东方财富、财经网和财界网这 5 家财经垂直门户都提供了这 2 个业务，但运行效率一般。这些门户开发垂直搜索引擎希望能够帮助投资者快速、准确、全面地查询到本门户信息内容，虽不能产生直接收益，但能增加用户满意度，维护客户关系。这些门户在早期提供了论坛（bbs），如股吧、基金吧和理财吧等，后来又提供了微博、博客和播客，2016 年后逐渐提供了财富号、直播等自媒体平台服务。可以说，这是一种用户产生内容（User-Generated Content，简称 UGC）的业务模式。"网站平台和原创内容制造者都能从中获益，网站从广告销售、用户订阅和商品销售等中获益，UGC 制造者的收益是双重的"[139]，因此对客户关系和效益都有影响，可以作为现有小型、新建或拟建财经垂直网站在平台服务模式中的第三选择。之所以没有推荐为第一选择，是因为提供高查全率和查准率的垂直搜索引擎对技术的要求很高而商业价值变现难。从提供自媒体平台服务的财经垂直门户运营情况我们可以看出，该业务类型的具体业务形式变化快，某一业务形式的投入回报锁定期短，因此这 2 个业务类型能带来一定的流量，但变现流量则不能靠该业务类型本身。考虑到自媒体平台（Y24）对财经垂直门户的应变能力要求高，现有财经垂直门户可以选择 2 个本门户现有或有市场前景的业务形式重点开发，舍弃流量贡献小或者没有人气的频道（如财经网和财界网就很明智地把原来的微博、博客、千股吧、基金岛社区关停了），现有小型、新建或拟建财经垂直网站可以选择一种具体的业务形式集中力量开发，让"平台＋互动（沟通）"价值最大化。朱芳芳（2018）认为"隐藏于平台商业模式背后的技术能力特别是数据能力、算法能力、安全能力直接决定着平台商业模式能否创造指数级增长效应。"[140]平台价值最大化的实现依赖于深厚的技术根基和对数据及数据间因果、相关关联的深度理解与挖掘，即内容挖掘是平台价值最大化实现的推手。

（4）提供有特色的内容粗加工和传递服务模式,可为企业凝聚人气,为其他服务模式增加正的外部效应。例如,财经信息发布(Y2)在各模型排名中得分都很高,在方案二的 CCR 和 BCC 模型定量测度中效率值为 1,说明其技术效率和规模效率都达到了最优。如果能够借助技术快速地爬取其他媒体提供的财经资讯,并实现自动分类、甄别和转载,则效率会更高,也值得优先选择。我国的个人投资者绝大多数是股民或有理财经历,对证券行情信息很关注,购买了行情数据的财经垂直门户都会把行情数据发布(Y1)作为必选的业务类型。再如,提供投资者教育(Y15)和模拟投资(Y16)是为了吸引更多的潜在客户并将其转化为真实客户,3 个实力较强的国内财经垂直门户和讯网、金融界和东方财富网都在这方面做足了文章,也刺激了其他业务的发展。

总之,在确定了信息服务模式选择总的基调后,可根据财经垂直门户的资源状况来选择各业务类型。在金融科技时代,市场竞争激烈,全球经济趋势和行业经营环境变化大,热点转换快,财经垂直门户也需要提前"嗅出"市场发展趋势,随市场热点的转换选择合适的信息服务模式和业务类型。比如自 2013 年后,互联网金融热度迅速提升,一些财经垂直门户纷纷跟进,后文将在第 8 章以互联网金融产品为例进行分析。

8 案例：互联网金融产品在国内外财经垂直门户的发展

8.1 互联网金融元年的发展概况

早从 1995 年第一家网络银行(Stanford Federal Credit Union)在美国诞生以来，互联网金融就已经悄悄进入了我们的生活。但人们通常定义的"互联网金融元年"是阿里集团推出"余额宝"开始的 2013—2014 年。这是因为银行的网银业务仅仅是通过技术手段使得购物更加便捷，而余额宝的出现则使间接融资往直接融资方向发展，在"普惠"金融。2014 年 7 月中旬，即互联网金融推出周岁之际，在"宝类"理财产品的收益率很可能"破 4"的忐忑中，人们开始质疑互联网金融模式的成长性。下面简单回顾下"宝类"理财产品这一年的发展历程。2013 年 6 月，支付宝与天弘基金联手绑定"生利"高调进入网上理财业务，第三方支付"类存款"模式"余额宝"诞生。同月，天天基金网(隶属于东方财富网)推出挂钩多只货币基金的投资理财工具"活期宝"。2014 年 1 月初，"余额宝""活期宝"7 日年化收益率近 7%，超过银行 5 年定期存款年利率 40%，银行大量储户"转战"互联网金融服务平台。同时，人们也发现互联网企业开发了更多的"宝类"理财产品供选择，如百度"百赚"、阿里"招财宝"、腾讯"理财通"、京东"网银钱包"、苏宁"零钱宝"、和讯"活期盈"和"定期盈"等。当市场产品大量跟风全面竞争时，供需曲线产生了作用。"余额宝""活期宝"等产品的 7 日年化收益率在一年内形成倒"U"型曲线，这与一般商品的生命周期曲线极其相似。中国中小企业协会副秘书长李鲁阳表示"互联网金融本质上是通过互联网开展金融业务,是对传统金融在交易技术、交易渠道、交易方式和服务主体等方面进行创新,但资金融通、发现价格、支付清算、风险管理等功能,并未超出传统金融的功能范围"。[141]东方财富网董事长其实也有类似表示,并认为"第一波货币基金所带来的红利已经结束,最终还是要依靠权益类的超额回报吸引客户"[142]。在热捧互联网金融一年后,百度推出"百发100指数",天天基金网推出"指数宝",目的在于将"宝"类产品投资者转移为权益类产品甚至专户产品投资者,创造更高收益。因此,无论是"活期宝""定期宝"还是"指数宝",都是通过互联网和移动网络渠道间接投资于金融产品,是金融服务模式的创新而非金融产品本身的变革。

下面我们以前文提及的29个国内外财经垂直门户为调研对象,同时剔除中国金融网和银率网这两个目前无法访问的网站。它们提供互联网金融产品的情况见后文分析。

8.2 提供互联网金融产品的财经垂直门户

表8-1 提供互联网金融产品的财经垂直门户

序号	网站(注册年)	产品名称	合作基金	提出时间	资金托管	产品定位	网站特色
1	和讯网(1997)	理财客(活期盈、定期盈和贷盈)	海富通、上投摩根等10多家基金公司	2013.7	浦发银行	国内卓越领先的在线金融交易服务一站式平台	将金融资讯、产品、投顾、服务和技术一体化融合,从而实现从投资资讯到交易购买的无缝链接
2	东方财富网(2002)	活期宝、定期宝、指数宝、组合宝、私募宝	优选南方、广发等20多家基金公司;知名公募、私募和券商信托机构	2013.6	民生银行	优选货币基金的理财工具	东方财富网提供海量财经资讯。基金由天天基金网独立运营。有证券运营、期货、征信、小贷、支付、私募和公募基金等多种业务运营资质,构建一站式互联网金融服务生态圈

(续表)

序号	网站(注册年)	产品名称	合作基金	提出时间	资金托管	产品定位	网站特色
3	金融界(1999)	盈利宝	鹏华基金、博时、前海、广发等几十家基金公司	2013.8	民生银行	一站式的理财服务；上班族的"现金管理神器"	依托巨灵金融数据库信息,整合到证券行情交易软件,深度挖掘;将基金销售与智能投顾相结合
4	证券之星(1997)	盈利宝	鹏华基金、博时、前海、广发等几十家基金公司	2013.8	民生银行	一站式的理财服务；上班族的"现金管理神器"	有深度的财经资讯,有重磅的财经头条,证券行情软件提供商
5	同花顺(2003)	收益宝、理财宝	国泰、博时等几十家基金公司	2013.8	民生银行	现金管理产品,安全、省力、省心、省钱	基金由5ifund爱基金网站运营。证券行情软件提供商
6	中证网(1998)	活期+、基金定投、指数宝、金牛组合	易方达、诺安、中邮等十多家基金公司	2015.11	平安银行	可信赖的投资顾问	《中国证券报》官网;中国资本市场和深股通信息披露平台、专题服务平台;蓝筹路演网。重点打造金牛奖。基金由金牛理财网独立运营

这6家网站都具有基金销售牌照和证券投资咨询资质;除中证网外,其他5家首次提出互联网金融产品的时间相差不远,且与阿里集团的余额宝提出时间相当;除和讯网和中证网外,都是上市公司。他们的相似之处可归纳为:①都与多家基金公司合作,企图通过对基金的灵活选择为用户创造最大收益,这一点与余额宝早期仅和天弘基金公司合作有别。②从活期理财产品开始,逐渐开发出定期理财、指数型、组合型和私募等多种互联网金融理财产品,资金同卡进出,可实时提现,不能购物、转账。③依托财经资讯吸引现有客户加入大众化理财市场。④"宝类"产品一站式购买,资讯客户如有购买理财产品的意愿可以直接实现购买,转化为交易客户。但在运营风格上,这6个网站各有差异:①和讯网的互联网金融产品线较长,有货币基金,还有P2P信贷产品和保险产品(如和讯放心保),注重提供综合性的资讯和交易服务,但随着近几年互联网金融的衰变,其P2P和互联网保险产品交易服务已经关停,仅提供资讯服务。②东方财富网通过天天基金网独立运营互联网金融产品,除提供活期宝、定期

宝产品外,还提供权益类产品指数宝、组合宝和私募宝,希望给客户提供不同收益率的互联网金融产品链。③金融界、证券之星都是中国金融在线旗下子公司,它们联合打造"盈利宝",链接到金融界网站同一个页面,经营活期理财业务,并与智能投顾结合。④同花顺专门创建 5ifund 爱基金网站运营收益宝和理财宝产品,并创建"基金超市"频道广纳股票型、指数型、理财型和货币型基金,还对销售费率进行促销。⑤中证网拿到基金销售牌照的时间最短。它是传媒《中国证券报》官网;有信息披露的垄断资源,是中国资本市场和深股通信息披露平台;提供专题服务平台、蓝筹路演服务;重点打造的金牛奖在基金业有一定的影响;基金由金牛理财网独立运营,提供了活期+、基金定投、指数宝和金牛组合等不同产品形式。

8.3 未提供互联网金融产品的财经垂直门户

8.3.1 未提供互联网金融产品的国内财经垂直门户定位与特色

表 8-2 未提供互联网金融产品的国内财经类垂直门户定位与特色

序号	网站(注册年)	注册地	网站定位	特色服务
1	中国经济网(1995)	北京	最具权威性的财经网站和最具影响力的互动平台	经济生活等 100 多个频道;财经相关报媒产品电子版;网站、电视、报纸等移动应用终端
2	财经网(1999)	北京	提供全方位的新闻、分析、评论与可信赖的信息源	财经要闻、图片;深度资讯;《财经》等电子杂志
3	全景网(1999)	深圳	为专业客户提供权威、及时、深度、专业的财经资讯	网上路演;指定信息披露平台;沪深行情数据销售;智能投融

(续表)

序号	网站(注册年)	注册地	网站定位	特色服务
4	中金在线(2004)	福州	为专业客户提供权威、及时、深度、专业的财经资讯	理财资讯；直播、名博、财视、财经号等自媒体平台互动型产品；图说财经；路演
5	股城网(2001)	广州	中国南方第一财经媒体	模拟炒股；资讯简短
6	价值中国(2004)	北京	职业人士的社会化媒体	实名制的职业人士网络社区；股权共享制度；深度资讯；读书评论；打造高端产品
7	财新网(2002)	北京	提供准确、全面、深入的财经新闻和资讯信息服务	全媒体服务,即网站、期刊、视频、图书、会议等多层次资讯展示平台；个人、企业订阅定制资讯；私房课程；财新指数
8	财界网(2002)	北京	中国财经金融门户,一切财富皆有可能	提供财经、股票、理财、基金、健康、新三板和互联网金融等资讯；资讯简短
9	华讯财经(2007)	大连	投资理财,财经即时分析门户网站	资讯内容丰富；股市聚焦、淘股王、个股评测、大盘分析；基金资讯；投顾
10	证券时报网(2002)	深圳	实时报道证券中国：全天24小时不间断提供全方位的财经信息服务	《证券时报》《中国基金报》电子版；深度的财经人物访谈；股票和股指期货频道的专家在线栏目；港股频道；创业板指定信息披露平台；网上路演；上市公司舆情系统
11	外汇通(1999)	北京	全球华人在线"涉汇"的首选网站	新闻资讯服务；观点评论服务；互动沙龙服务；金融在线培训服务；实时外汇行情和经纪服务；EA跟单等

在这11个网站中,有9个网站注册地在北京、广州和深圳等一线城市,占比81.8%,截至2019年,注册时间最晚的也有12年历史。这说明财经垂直门户的发展与当地的经济环境、产业聚集有密切关系,用户群的壮大需要时间积累。中国经济网、财经网、财新网和证券时报网等4个网站是传媒官网,具有强

大的采编团队,有原创信息源优势,通过报纸、期刊、电视或视频和网站等多媒体平台全方位地传递财经新闻资讯;全景网、证券时报等 2 个网站得到了证监会的信息披露资质授权,在网上路演、信息披露方面有优势;华讯财经是投资咨询公司旗下网站,在股评方面有优势;中金在线、股城网、价值中国、财界网、外汇通等 5 个网站是没有资质优势的财经资讯科技公司,但各有特色。

8.3.2 未提供互联网金融产品的国外财经垂直门户定位与特色

表 8-3 未提供互联网金融产品的国外财经垂直门户定位与特色

序号	网站(注册年)	网站定位	特色服务	中文版
1	WSJ (1994)	正确使用真理,不为广告或任何投机、宣传的利益控制	提供国际、经济、金融市场、商业、科技等新闻及深度分析;提供个人理财、专栏与观点、生活艺术、房产等频道;提供科技博客、图片、视频、播客等;还根据语言的不同提供本土国家深度新闻	√
2	Thomson Reuters (1993)	全球最大的国际多媒体新闻提供商	提供行业解决方案,包括法律内容与专业服务,新闻与媒体服务、税务与会计技术、指导与专业服务;提供组织解决方案,包括公司和政府决策;提供深度专题服务(如 Eikon 风控)和研究报告,包括 AI、大数据、区块链、数据保密、全球贸易等	√
3	Bloomberg (1993)	全球商业、金融信息和财经资讯的领先提供商	通过创新的技术来快速、精准地传递数据、资讯和分析工具。核心产品是彭博终端专业服务 professional 和 anywhere;《彭博商业周刊》等杂志;直播;多个移动应用 App 等	√
4	CNBC (1997)	商业新闻领域的世界领袖	提供全球行情数据,市场、商业、投资、技术、政治等资讯;提供时事报道、专题报告;播客;提供音频、视频,进行实时市场分析等	√

(续表)

序号	网站(注册年)	网站定位	特色服务	中文版
5	Market Watch (1997)	一流的财经新闻网站,提供商业新闻、金融信息和财经分析工具	提供最新新闻、观察、市场、投资、经济、个人理财、退休、不动产、娱乐、视频信息等;虚拟证券交易游戏	
6	Bankrate (1995)	网上领先的财经利率信息集成者,百余个出版商和 CNBC 等广播信息提供商依赖于 Bankrate 提供可信度高的财经利率和数据源	提供贷款比较平台;可链接到贷款网站;可为房屋、汽车等提供贷款商户数据;信用卡代偿和回款;手机应用App;贷款计算工具等	√
7	Money Saving Expert (2002)	给消费者提供详细的省钱指导意见,不为用户提供存钱账户	英国官方第一省钱网站,隶属于 moneysupermaket 集团,但独立经营;把消费者放在第一位;邮件提醒服务	
8	Money Super Market (1999)	帮助用户在所有他们熟知的账单中省钱,给他们提供免费的、易用的在线服务	英国第一比价网,独立第三方比价;用户能在同一平台上对大量商品进行比较,找到最适合于他们需求的产品;能给客户提供独特的、有市场导向的交易信息,有些信息甚至无法直接从供应商那里获取	
9	FT (1994)	世界领先的商业新闻机构,以其报道内容的权威性、真实性、准确性享誉世界	为全球商业社会提供不可或缺的新闻、评论、数据及分析;有印刷与电子版商业新闻、手机服务、商业教育服务	√
10	IBTimes (2005)	正在迅速成长的数字化全球新闻发布机构	全面提供关于世界各地最重要的公司、经济和政治新闻;同时也报道读者感兴趣的其他细分渠道新闻	√

如表 8-3 所示,美国、英国这 10 个财经垂直门户全部都是上市公司,有 7 个网站提供了中文版,这些网站的注册年份比中国 11 个财经垂直门户平均早 4 年。WSJ、Thomson Reuters、Bloomberg、CNBC、Market Watch、FT 和 IBTimes 等 7 个网站是传媒官网,具有强大的采编团队,有原创信息源优势,通过报媒、电视或视频、网站、移动应用等多媒体平台向全球用户传递财经新闻资讯,但电视、移动应用 App 的推广度远高于国内财经垂直门户。Market Watch 是道琼斯旗下公司,Money Saving Expert 是 Money Supermarket 旗下公司。Bankrate 是财经利率信息集成商,为财经媒体提供利率数据,是贷款比较平台。Money Saving Expert 和 Money Supermarket 都提供省钱解决方案,但前者侧重省钱指导意见,后者侧重商品比较。从 Alexa 排名看,在英国,省钱网站的受欢迎程度高于财经新闻网站。

8.4 互联网金融产品只是平台服务模式的一种具体形式

纵观这些提供"宝类"理财产品的企业,它们几乎都是在某一特定领域以提供产品或服务见长的垂直门户,如阿里、京东和苏宁专长于网购,百度专长于搜索引擎,腾讯专长于社区,天天基金和和讯网专长于财经信息服务,它们的共同特点是网络用户体量大并且获得了证监会颁发的基金销售牌照。

早在 2011 年,东方财富网和和讯网就在谋划着打造互联网金融服务平台,并分别于 2012 年 2 月和 5 月早于阿里拿到了基金销售牌照。但有讽刺意味的是,互联网金融并没有在这两家财经垂直门户首发,而是被网购门户阿里抢先。在金融科技时代,产品、服务、模式或概念的创新与更替时常涌现,"恰逢其时"的推出比"过早吆喝"能带来更好的市场效果。因此,"宝类"理财产品是垂直门户将互联网技术、移动网络技术与金融业务有机整合的产物,它促使平民参与金融,也在近一年来获得了广泛的赞许。但它毕竟只是一种服务模式,能否被垂直门户持续重视还视其利润空间与企业资源配置而定。从利润空间来看,资本运作的利差越高,系统开发与产品运营成本越低,客户量越大,利润就越高;

从企业资源配置来看，财经垂直门户似乎更有优势，也更有动力创新出适合大众用户的、更加丰富的金融理财产品或信息服务模式。

但是，通过对上述抽取的国内外 27 个财经垂直门户的分析，我们发现仅有和讯网、东方财富网等 5 个国内网站开发了互联网金融产品，其他 12 个国内财经垂直门户均在不同程度上提供了互联网金融资讯，有的甚至专门开设互联网金融栏目或频道；而美国、英国 10 个财经垂直门户专注于做财经新闻、资讯和金融数据，做省钱指导、理财信息平台，均未涉足"宝类"互联网金融产品交易，也没有特别设置互联网金融栏目，只有部分网站在商业、投资或科技等频道出现中国互联网金融产品市场的相关资讯。

早在 1999 年，美国最大支付公司 PayPal 就设立了利用账户余额的货币市场基金，用户只需进行简单的设置，存放在 PayPal 支付账户中原本不计利息的余额就将自动转入货币市场基金，申购起价仅 0.01 美元[143]。这是美国"宝类"产品业务模式的原型。2007 年，PayPal 货币基金的规模一度高达 10 亿美元，基金收益率为 5%，当时也赢得很好的市场口碑。但自 2008 年金融危机后，美国货币市场基金收益水平降至 0.04%。随后，PayPal 货币基金的收益优势逐步丧失，规模不断缩水，2011 年 7 月被迫清盘。究其原因，美国金融监管非常严格，PayPal 要销售基金必须获得美国证监会（SEC）颁发的券商执照，接受 SEC 的金融审批与监管，同时至少成为一个行业自律协会的会员，还必须加入证券投资保障公司（SIPC）。此外，在美国每个州销售基金的还要向当地州政府申请州内执照，受州政府监管。券商雇员根据工作性质也要拥有相应的执照。而客户放在 PayPal 货币基金账户的资金不受联邦存款保障委员会（FDIC）的监管与保护，存在安全隐患。当资本利差越来越低，而所有的这些监管和执照都需要花费时间和金钱时，超低的投资回报率使得用户和 PayPal 都失去了对 PayPal 货币基金的信心。

综上所述，从国内财经垂直门户的发展态势看，目前，"宝类"互联网金融产品备受散户青睐，能聚集人气，有市场前景，但它只是平台服务模式（M5）中网上金融交易业务类型（Y23）的一种具体形式，会有时效性。经过五六年的发展,我们也看到投资者对"宝类"互联网金融产品的热情近乎平稳,其 7 日年化收益率再也没有超越 2014 年 1 月的 7%。同时,这种业务类型受到资源约束,只有在那些获得了证监会颁发的基金销售牌照、网络用户体量大、资金实力雄厚的企业,它的盈利空间才会比较大。当然,没有基金销售牌照的门户也可以通过与有基金销售牌照的企业合作,提供代销入口,但盈利空间需要权衡。在目前国内金融监管市场还不太严格的情况下,这种业务类型对互联网企业和个人投资者都有利可图。但我们也发现,2014 年 4 月央行通过《中国金融稳定报告(2014)》提出互联网金融 5 大监管原则,强调需要坚持底线思维,加强规范管理,促进可持续性的健康创新[144];2014 年 9 月银监会创新监管部主任王岩岫在"2014 中国互联网金融创新与发展论坛"上提出我国 P2P 网贷行业监管十大原则,提出 P2P 应是信息中介而非交易平台[145]。2013 年央行出台《征信业管理条例》,明确我国个人征信实行牌照制。2016 年,央行等十部门印发《关于进一步做好互联网金融风险专项整治清理整顿工作的通知》,提出"凡是金融活动就需要获得牌照",开启了"互金监管元年"。2017 年则是监管全面强化的一年,央行成立了金融科技委员会,在《中国区域金融运行报告(2017)》中提出探索将规模较大、具有系统重要性特征的互金业务纳入宏观审慎评估体系(MPA);2017 年国务院金融稳定发展委员会成立;2017 年央行亲批,互联网金融协会牵头成立"信联"[146]。因此,正在经营互联网金融产品的这 5 家财经垂直门户仍需稳步进行产品创新,严守金融监管边界,在获得产品收益的同时保护客户资金安全;而另外 12 个仍未涉足互联网金融产品交易的财经垂直门户则可继续定位于做互联网金融市场资讯平台,在企业资源有限的情况下,也可选择放弃这个市场。

9 结论

财经垂直门户面向有财经信息需求的人群提供有一定深度的、序化的、可能更加细分的网络财经信息产品或服务。它既有垂直门户服务集中的特征，也具有独特性：面向中产阶级投资理财，财经信息本身具有特殊价值（商业情报），专业性更强（不可替代性更强），更优质的受众（核心用户专业素质高、黏度强、付费概率大），平台具有大数据特征（4V 特征，即 Volume、Variety、Value、Velocity）和可深度挖掘用户行为数据的基础。财经垂直门户不是综合门户的定制化、个性化版式（微型门户）或财经频道，也不是某一金融企业（银行、保险、证券或基金公司）网站，而是以提供各种财经信息产品或服务为主营业务的行业门户。

财经垂直门户跨越金融业，在电信、媒体、IT 等关联产业渗透，围绕着价值创造构造了不同的信息服务模式。课题组首先分析了垂直门户、财经垂直门户、垂直信息服务和网络财经垂直信息服务的特征，然后通过对国际权威的网站流量信息统计公司 Alexa 网站的数据采集、分析与整理，找出 12 个有影响力的国内外财经垂直门户。经过国内外财经垂直门户排名浮动情况的比较，我们发现：①网络金融业务及信息服务首先是从银行业发展开始的，但现今国外商业银行 81% 的利润来自与信息有关的服务，只有 19% 的利润来自存贷利差。②互联网络信息服务已是财经、金融业的新战场和主要发展渠道。③美国、英国的财经垂直门户经营得较为成熟或有特色，它们各自提供的财经信息服务有较稳定的受众，而中国财经垂直门户由早期"百花齐放"的状态逐渐变为少数"排头兵"激烈竞争状态，但网站间的财经信息内容、产品及服务雷同度高，特色不够鲜明，多数业务类型很容易被竞争对手模仿和超越，在不同的财经信息领域有"领头羊"作用的财经垂直门户还有待形成。

通过对 Thomson Reuters、东方财富网等 12 个国内外有影响力的财经垂直门户的主要频道的财经信息内容、产品及服务逐一进行细分,提取财经商业资讯和行情数据的展示等 11 类主要的财经信息活动,并从企业定位、资源优势、技术实力、管理团队和外部环境等角度对其选择原因进行剖析。对典型的财经信息活动所涉及的主体、客体和环境要素进行分析,发现财经信息活动的客体,即财经信息服务内容,包括内容类、传播类、服务类和资源类产品;财经信息活动主体可以分为财经信息用户和财经信息服务提供者,财经信息用户就是投资者,包括活跃的个人投资者和机构投资者;财经信息服务提供者包括生产者、组织者、传播者、销售者;财经信息活动所处的环境可以看作财经信息获取渠道,包括传播类渠道、电信类渠道和平台类渠道。不同的财经信息服务内容可通过不同的策略在不同的渠道来获取,相同的财经信息服务内容也可能通过不同的策略在不同的渠道来获取。

随着媒体融合及其加速发展,传播方式发生了变化,渠道在经济学领域和传媒领域都得到了广泛应用,源自计算机技术领域的"平台"概念也引入了经济领域和传媒领域,并且常混同使用。平台与渠道是多对多的关系,且并非完全的并列关系,更多的是一种递进关系,平台融合是渠道融合的升级阶段。因此,我们把平台从传递模式中分离出来,提出 4 种基本的财经信息服务模式,即使用模式、传递模式、平台模式和问题解决模式。以财经信息市场的活动为主线,可以将服务模式创新中要考虑的产品及产品外的内容联接起来。基于服务创新与活动的视角,以企业的主营业务为分类依据,将财经垂直门户分为资源建设、信息传播、技术开发、产品开发和综合型 5 类。从理论上讲,资源建设型财经垂直门户采用财经信息服务使用模式;信息传播型财经垂直门户采用财经信息服务传递模式;技术开发型财经垂直门户采用财经信息服务平台模式;产品开发型和综合型财经垂直门户采用何种服务模式与其具体的业务类型有关。产品开发型财经垂直门户,若其业务是对信息内容、传播渠道或者服务方式的开发,则可分别采用财经信息服务使用模式、传递模式和问题解决模式;有影响力的 12 个财经垂直门户都是综合型企业,其服务模式需要根据业务类型来单独讨论。通过对这些财经垂直门户提供的财经信息活动进行分析,把其业务核心归集起来,就是服务模式的主要构造要素,即内容挖掘、信息传播、平台搭建与服务方式。对各要素进行不同程度的开发就是不同的策略,这样,财经垂直门户信息服务模式可分为 6 类:内容粗加工服务模式(M1)、内容精加工服务模式(M2)、内容包装服务模式(M3)、内容传递服务模式(M4)、平台服务模式(M5)和咨询服务模式(M6)。

财经垂直门户是金融市场的中介性机构,隶属于金融类现代服务业;也是技术与人力资本投入密集度高、附加值大的知识密集型机构,隶属于科技服务业。其主营业务是整理、加工和传播财经信息及各种研究报告,开发金融信息产品,提供技术开发与系统集成服务等。研究典型企业的信息服务模式效率对于该类公司的商业运营具有重要意义。课题组分别使用经典的 DEA 模型(CCR 模型和 BCC 模型)和改进的 DEA 模型(SUPER 模型和双前沿面 DEA 模型)对和讯网、金融界、东方财富网等 5 家有代表性的财经垂直门户提供的 27 个典型的业务类型进行绩效评估,提出财经垂直门户服务模式优选顺序和业务类型选择建议。研究表明,平台服务模式(M5)和内容精加工服务模式(M2)是财经垂直门户可优先选择的服务模式,内容包装(M3)、咨询(M6)和内容粗加工(M1)服务模式可根据企业资源状况选择,内容传递服务模式(M4)应最后考虑。

基于四象限法和前景理论的分析得出了财经垂直门户各信息服务模式下的业务类型优选分布。从服务模式维度来看,在平台服务模式(M5)中,优选次序从高到低依次为移动 App(Y21)、网络广告(Y19)、微信公众号和小程序(Y20)、财经资讯数据终端(Y22)、网上金融交易(Y23)、搜索引擎(Y18)和自媒体平台(Y24);在内容精加工服务模式(M2)中,优选次序从高到低依次为深度分析报告(Y8)、财经资讯加工(Y6)、专题资讯(Y9)和财经数据加工(Y7);在内容包装服务模式(M3)中,优选次序从高到低依次为组织专题活动(Y13)、个人门户(Y12)、理财视频课程(Y11)和电子杂志(Y10);在咨询服务模式(M6)中,优选次序从高到低依次为名人互动(Y25)、投资咨询(Y26)和舆情服务(Y27);在内容粗加工服务模式(M1)中,优选次序从高到低依次为财经信息发布(Y2)、行情数据发布(Y1)、泛财经资讯收集与发布(Y4)、生活休闲娱乐信息发布(Y5)和原创资讯(Y3);在内容传递服务模式(M4)中,优选次序从高到低依次为模拟投资(Y16)、投资者教育(Y15)、个性化推荐(Y17)和理财工具(Y14)。从四象限分区来看,处于明星区的 Y21、Y19、Y20、Y8、Y13 和 Y2 更应该得到优先选择,处于瘦狗区的 Y10、Y27、Y5、Y3 和 Y14 可以考虑最后选择。

基于经典 DEA 模型对各业务类型的效率、投影和灵敏度进行分析。效率分析发现处于最优生产规模和效率前沿的业务类型有业务 Y2、Y13、Y19 和 Y21,它们可作为现有小型、新建或拟建财经垂直网站进行业务类型选择的首选业务。短期易改善的业务类型有业务 Y8 和 Y20。从综合效率来看,在 27 个业务类型中,仅有 4 个业务达到了相对有效率,其他 23 个业务营运相对低效率,需要减少规模。除处于效率前沿的业务类型外,通过投影分析发现业务 Y3、Y10、Y14 和 Y17 在降低成本、提高效率方面还有极大的改善空间,特别是业务 Y17 投入离差最大,需要挖掘提升商业价值的途径。同时,近半数的业务类型在经营前景方面估计过于乐观,在技术开发方面投入过多,但并没有达到预想的经济效益和社会效益。通过灵敏度分析发现"内容挖掘"对业务 Y2 影响最显著;"内容挖掘"和"技术开发"都对业务 Y13 产生影响,且"技术开发"影响更显著;"经营前景"对业务 Y19 影响最显著;"经营前景""内容挖掘"和"技术开发"这 3 个输入变量都对业务 Y21 影响不显著。

财经垂直门户的关键资源是财经信息内容和技术开发。从企业资源的不同,课题组尝试给出财经垂直门户服务模式选择的几点建议,探讨优选业务类型的应用可行性。比如,财经信息内容团队和技术开发实力都很强的财经垂直门户可优先选择财经信息内容包装(M3)和咨询(M6)服务模式;内容团队能力较强而技术开发实力一般的财经垂直门户可优先选择内容精加工服务模式(M2);技术开发实力较强而内容团队能力一般的财经垂直门户,特别是移动开发能力强的企业,可优先选择平台服务模式,提供有特色的内容粗加工和传递服务模式,可为企业凝聚人气,为其他服务模式增加正的外部效应。

在金融科技时代,市场竞争激烈,全球经济趋势和行业经营环境变化大,热点转换快,财经垂直门户更需要提前"嗅出"市场发展趋势,随市场热点的转换选择合适的信息服务模式和业务类型。比如2013年后,互联网金融热度迅速提升,一些财经垂直门户纷纷跟进,课题组以互联网金融产品在国内外财经垂直门户的发展为例分析发现:仅有和讯网、东方财富网等6个国内网站开发了互联网金融产品,其他11个国内财经垂直门户均在不同程度上提供了互联网金融资讯,有的甚至专门开设互联网金融栏目或频道;而美国、英国10个财经垂直门户专注于做财经新闻、资讯、金融数据,做省钱指导、理财信息平台,均未涉足"宝类"互联网金融产品交易,也没有特别设置互联网金融栏目,只有部分网站在商业、投资或科技等频道出现了中国互联网金融产品市场的相关资讯。可见,"宝类"互联网金融产品是备受散户青睐的、聚集人气、有市场前景的平台服务模式(M5)中网上金融交易业务类型(Y23)的具体形式。但这种服务模式受到资源约束,财经垂直门户需慎重选择。

统计学家李金昌(2018)认为"真正科学的统计分析,对于同样的问题、同样的数据(真实的),可以重复得出同样的结论"[147]。在本课题的研究过程中,我们使用2种方案、4个模型研究得出了部分鲁棒性较好的结论,比如,在方案一中,通过4个模型一致推导出平台服务模式(M5)排名最高、内容粗加工服务模式(M1)排名最低。在方案二中,通过4个模型推导出的信息服务模式排名完全一致,即各服务模式的效率从高到低排序为:内容精加工服务模式(M2)、平台服务模式(M5)、内容粗加工服务模式(M1)、内容包装服务模式(M3)、咨询服务模式(M6)和内容传递服务模式(M4)。再如,当对业务类型进行分析时,在2种方案、4个模型的研究过程中,一致性认为移动App(Y21)、网络广告(Y19)、组织专题活动(Y13)、财经信息发布(Y2)应该优先选择,而舆情服务(Y27)、生活休闲娱乐信息发布(Y5)、原创资讯(Y3)、理财工具(Y14)应该最后选择。李金昌(2018)还指出"模型是固化的,而现实是变化的。用固化的模型去反映动态的现实,只能是一种参考。"[148]客观地讲,采用不同的定量分析方法得出的实证分析结论会有些出入,采用同样的定量分析方法对不同截断面数据进行实证分析的结果也可能不同。本课题的研究结论中服务模式选择相对稳定,但业务类型会因市场发展的不同阶段而动态变化,这里推荐的优选业务类型供目前阶段现有、新建或拟建财经垂直网站进行业务类型一般性选择参考。当然,不同的财经垂直门户可能会因其人才、技术、资金和社会网络等资源的差异而选择不同的服务模式和业务类型。而业务类型也会随市场热点转换而"热捧"或"冷落",可能产生新的业务类型。同时,对于不同国家、地区的财经垂直门户,即便企业资源类似,其服务模式和业务类型的选择也可能不同。因此,业务类型选择的动态性变化,持续跟踪、观察与绩效分析有待后续进一步研究,而本课题研究过程中所用到的 ANP 权重确定方法、DEA 绩效分析思路和方法、四象限法和前景理论的结合分析方法等则具有一般适用性。

参考文献

[1] PETER JACSO. Portals, Vortals, and Mere Mortals[J]. Computers in Libraries, 2001, 21(2): 46-48.

[2] SEKI YUJI. Portal, What's a Vortal? About Vertical Portal Sites[J]. Journal of Information Science and Technology Association, 2001, 51(9): 477-483.

[3] 王斌. 垂直门户及垂直门户信息服务模式可行性研究[J]. 图书情报工作, 2001,(1): 48-49,27.

[4] 靖继鹏,尹焱鑫. 知识门户网站信息服务的影响因素作用机制分析[J]. 情报科学, 2011, 29(10): 1488-1493.

[5] 张瑞. 浅析垂直门户的用户习惯培养[J]. 科技传播, 2017,(3): 93-94.

[6] 郝凤英. 垂直网站及其信息服务模式[J]. 情报理论与实践, 2002, 25(2): 136-137.

[7] 赵志荣. 垂直网站与垂直搜索引擎[J]. 中国信息导报, 2000,(11): 18-19.

[8] 林宏牛,肖焕禹,钟飞. 奥运会互联网信息传播模式:演进脉络、传播特征与发展趋势[J]. 成都体育学院学报, 2018, 44(5): 38-44.

[9] 沈斌. 从"使用与满足"看垂直体育网站的运营——以"虎扑足球网"为例[J]. 新闻战线, 2017,(4): 61-62.

[10] 苏晓男. 我国户外运动网站运营模式研究[J]. 体育成人教育学刊, 2017,33(5): 74-77.

[11] 王婷. 基于旅游体验的智慧旅游信息服务系统设计研究——以乡村旅游为例[D]. 上海：华东理工大学，2018.

[12] 张敏. T电脑网盈利模式及其改善研究[D]. 长沙：中南大学，2008.

[13] 李敏. 综合门户网站与垂直门户网站盈利模式比较——以三大综合门户网站与优秀垂直网站代表为例[J]. 会计之友，2012(6)：47-49.

[14] Vertical Portals：The Next Big Thing[R]. SIMBA Report on Directory Publishing，2000，10(9)：4-6.

[15] WANG X Z. Research and design of key technology of vertical search engine for educational resources[C]//DEStech Transactions on Social Science，Education and Human Science (Adess 2017). [2018-12-20]. http://dpi-proceedings.com/index.php/dtssehs/article/view/17856/17362.

[16] BROGAN M，KOHLI G. Case study in construction of a vertical portal：the cape range ningaloo project[C]// Proceedings of virtual communities conference. London：ECU Publications Pre. 2011. Infonortics，2003：1-8.

[17] HARVEY P L. Towards a scientific collaborative design approach：the construction of a community informatics design assistance system to support communities and virtual organizations[C]//Community Informatics Design Applied to Digital Social Systems. Cham：Springer International Publishing AG，2017：155-198.

[18] JOHN PAUL ANBU K，Towards a vertical portal for open access scholarly publications[J]. Information Studies，2006，12(1)：27-34.

[19] BLUMMER B，KENTON J M. Academic and research libraries' portals：a literature review from 2003 to the present[C]//BHARDWAJ R K. Digitizing the modern library and the transition from print to electronic. Hershey：IGI Global，2018：29-63.

[20] COLM O HAONGHUSA. The journal taxonomy XBRL GL and the journey towards a single, timely, consistent version of the truth[J]. Accountancy Ireland, 2005, 37(5): 72-74.

[21] LA TORRE M, VALENTINETTI D, DUMAY J, et al. Improving corporate disclosure through XBRL: an evidence-based taxonomy structure for integrated reporting[J]. Journal of Intellectual Capital, 2018, 19(02): 338-366.

[22] 刘文艳. 面向专题领域的垂直信息服务模式研究[J]. 信息技术与信息化, 2007, (1): 93-95.

[23] 杨抒, 武刚, 罗仙仙. 面向用户的垂直信息服务系统模型研究[J]. 中国管理信息化, 2009, 12(21): 39-42.

[24] 宋献民. 垂直搜索引擎系统的研究与设计[D]. 长春: 长春工业大学, 2015.

[25] 孙赫, 赵德平. 关于垂直搜索引擎关键技术研究[J]. 现代经济信息, 2015, 23(16): 51-52.

[26] 周珑. 垂直搜索引擎分析[J]. 电子技术与软件工程, 2017, (17): 25.

[27] 李迎春. 中国互联网"门户化"垄断时期垂直应用网站的发展研究[D]. 武汉: 华中科技大学, 2012.

[28] 窦艳艳. 后"门户化"阶段中国互联网广告品类对比分析[D]. 武汉: 华中科技大学, 2018.

[29] 焦玉英, 李进华. 网上信息服务的主动性及其相关技术[J]. 现代图书情报技术, 2002, (2): 56-58.

[30] 雷育生, 甘仞初, 杜顶. 基于垂直网站的网络信息支持系统研究[J]. 计算机应用研究, 2005, (7): 105-107.

[31] 卫迎辉, 吕建新, 路一平. 数字图书馆基于智能代理主动信息服务系统的实现[J]. 河北北方学院学报(自然科学版), 2009, 25(01): 60-63.

［32］储节旺,黄洁钦. HTML5 与移动信息服务［J］. 情报理论与实践,2013, (07)：24-26.

［33］马林山,赵庆峰,肖新国. 基于 Hadoop 的云移动信息服务模型研究［J］. 情报科学,2013,(4)：28-32.

［34］钟学燕,陈国青,孙磊磊,等. 基于多视角特征融合的移动信息服务模式挖掘［J］. 系统工程理论与实践,2018,38(7)：1853-1861.

［35］胡昌平,乔欢. 信息服务与用户［M］. 武汉：武汉大学出版社,2000.

［36］陈建龙. 信息服务模式研究［J］. 北京大学学报(哲学社会科学版),2003,40(3)：124-132.

［37］郎宇洁. 基于长尾理论面向"众包"的信息服务模式研究［J］. 情报科学,2012,30(10)：1545-1549.

［38］LEE Y S, KIM J S. The present status and analysis of science & technology information (STI) service policy in Korea: centered on representative national STI institute［J］. Government Information Quarterly, 2009, 26(3)：516-524.

［39］王卓昊,赵卓峰,房俊,等. 一种 SaaS 模式下的服务社区模型及其在全国科技信息服务网中的应用［J］. 计算机学报,2010,33(11)：2033-2043.

［40］范凤霞. 基于行业协会的吉林省行业科技信息服务模式探讨［J］. 吉林师范大学学报：人文社会科学版,2013,(3)：121.

［41］孟玫. 基于微信 5.2 的高校图书馆信息服务模式研究［J］. 河南图书馆学刊,2014,(9)：116-119.

［42］王浩,刘冰,张琳琳. 大数据时代高校图书馆信息服务模式发展研究［J］. 新世纪图书馆,2016,(2)：14-17.

［43］刘军军. 大数据时代高校图书馆信息服务模式创新研究［J］. 图书馆学刊,2017,(11)：60-62.

[44] 刘骁斌."互联网+"环境下的公共图书馆服务模式创新[J].情报探索，2016,(1)：116-120.

[45] 张立滨.基于要素分析的数字图书馆信息服务模式研究[J].河南图书馆学刊,2018,38(3)：96-98.

[46] 高媛.基于大数据分析技术的智慧图书馆信息服务模式研究[J].农业图书情报学刊,2018,30(6)：189-192.

[47] 李静丽,沈小尉,孙竞瀚,等.现代信息技术环境下我国医院图书馆信息服务模式[J].中华医学图书情报杂志,2014,23(04)：39-41,45.

[48] 黄传慧.互联网+图书馆情景化用户偏好的信息服务模式研究[J].图书馆,2016,(4)：78-81.

[49] 黄永刚.基于微信的医院信息服务模式研究[J].中国数字医学,2014,(8)：75-76.

[50] 王慧敏.医院数字图书馆开展深层次信息服务模式研究[J].医学信息（上旬刊）,2018,(12)：23-25.

[51] 黄海铿."互联网+"背景下数字档案信息服务模式构建研究[J].广东档案,2018,(2)：45-48.

[52] 彭敏珍."互联网+"背景下档案信息服务模式创新探讨[J].城建档案,2018,(4)：19-21.

[53] 高玫.以用户为导向的档案信息服务模式探析[J].教育教学论坛,2018,(29)：153-154.

[54] 江波,覃燕梅.我国移动图书馆五种主要服务模式的比较研究[J].图书馆论坛,2014,(2)：59-62.

[55] YOUNGHEE NOH. Imagining library 4.0: creating a model for future libraries[J]. The Journal of Academic Librarianship, 2015, 41(6)：786-797.

[56] 张博.档案馆档案信息服务模式研究[D].合肥：安徽大学,2014.

［57］张向阳，王佳，杜思铭，等. 基于"互联网＋"的医学图书馆信息服务模式研究[J]. 中国医药导报，2018，15(27)：169-172.

［58］刘威. 垂直搜索引擎在金融信息技术分析中的应用[J]. 计算机光盘软件与应用，2013，16(22)：108-109.

［59］杜建亮. 金融信息垂直搜索引擎的技术探讨[J]. 科学之友，2009,(17)：133-134.

［60］潘月姣，孟小军. 财经信息专业搜索引擎的设计与实现[J]. 情报探索，2008,(12)：116-119.

［61］吕晓昶. 面向交易信息的垂直搜索引擎搜索机制研究与实现[D]. 大庆：东北石油大学，2011.

［62］滕文达. 基于移动平台股票资讯搜索与预测系统研究[D]. 哈尔滨：哈尔滨理工大学，2011.

［63］宋鸿浩. 面向金融领域的分布式垂直搜索引擎研究与实现[D]. 济南：山东财经大学，2014.

［64］王汉超. 面向财经新闻的智能搜索平台的研究与应用[D]. 合肥：中国科学技术大学，2015.

［65］王海波，龙舟艺，张雷. 财经垂直搜索引擎对比分析研究[J]. 湖北工业大学学报，2015，30(6)：49-52.

［66］王庆柱. 中外财经网站的内容结构比较分析[J]. 传媒观察，2007,(7)：41-42.

［67］谢明珠. 国内网络财经媒体内容及结构研究[D]. 郑州：河南大学，2009.

［68］丁苗. 财经门户网站用户需求研究[J]. 科技创业月刊，2015，(6)：35-36.

［69］丁苗. 财经门户网站前期定位及内容差异化研究[J]. 商情，2015,(15)：281-281.

［70］丁苗. 地方财经门户网站可用性测试[J]. 时代金融（中旬），2015,(11)：

154-156.

[71] 丁苗.财经门户网站发展趋势及信息构建现状研究[J].时代金融,2015(12):51-52.

[72] 罗毅辉.基于信息生态层次本体的财经垂直门户评价方法研究[J].现代情报,2017,37(1):72-77.

[73] 胡宗标,胡晓宇.生态信息理论下财经垂直门户评价方法探研[J].黑河学院学报,2018(4):48-49.

[74] 王建勋.基于WEB2.0架构的和讯网站建立方案研究[D].天津:河北工业大学,2008.

[75] 张亚琼.和讯网发展战略研究[D].北京:中央财经大学,2017.

[76] 李倩.网络财经媒体的运营模式分析——以新浪财经,和讯网和中国证券网为例[D].上海:上海财经大学,2011.

[77] 冯春健.金融界网站(RJR.COM)的盈利模式分析[D].北京:北京邮电大学,2010.

[78] 史谦夫.互联网金融背景下投资软件平台市场营销战略研究——以同花顺为例[D].上海:华东理工大学,2017.

[79] 龚健.同花顺股份有限公司盈利模式研究[D].兰州:兰州财经大学,2016.

[80] 张雪琳.同花顺网络信息股份有限公司财务战略研究[D].北京:中国地质大学,2016.

[81] 朱晓文.互联网金融信息服务平台商业模式研究——以同花顺为例[D].杭州:浙江大学,2017.

[82] 卢琼.互联网金融信息服务业财务分析与评价——以同花顺为例[D].昆明:云南大学,2016.

[83] 邵健.隐性资产价值提升企业绩效的路径研究——以同花顺为例[D].兰州:兰州大学,2016.

[84] 田开宇. 基于EVA的我国互联网金融信息企业价值评估——以同花顺公司为例[D]. 北京：北京交通大学，2017.

[85] 冯森. 东方财富信息股份有限公司成长研究[D]. 郑州：郑州大学，2015.

[86] 其实. 长尾理论视角下财经新媒体传播的商业模式研究[J]. 新闻知识，2015(5)：9-10,16.

[87] 季莎莎. 互联网金融企业商业模式研究——以东方财富为例[D]. 杭州：浙江大学，2016.

[88] 柯鑫. 基于东方财富的互联网券商发展方向研究[D]. 成都：西南交通大学，2016.

[89] 姚华威. 互联网企业证券业务发展策略研究——以东方财富为例[D]. 杭州：浙江大学，2017.

[90] 王瑞福. 基于REVA的创业板上市公司企业价值评估[D]. 北京：首都经济贸易大学，2014.

[91] 范声焕. 基于齐普夫法则的互联网企业估值研究——以"东方财富"为例的分析[J]. 湖北经济学院学报(人文社会科学版)，2016,13(8)：55-56.

[92] 王小辉. 东方财富并购同信证券绩效分析[D]. 保定：河北大学，2018.

[93] (日)仓田保雄. 路透其人和路透社[M]. 回瑞岩，任长安，译，北京：新华出版社，1980.

[94] JASON DEWLAND. Reuters[J]. Journal of Business and Finance Librarianship，2010,15(1)：37-43.

[95] ASHKENAS R，BURCH C. How Thomson Reuters is creating a culture of innovation[J]. Harvard Business Review Digital Articles，2014-10-02：2-4.

[96] MICHAEL R BLOOMBERG. Bloomberg by Bloomberg[M]. New York：Wiley，2001.

[97] SUMMERS N. Bloomberg's plan for world domination[J]. Newsweek, 2011,158(22):44-49.

[98] WEIL D. Can anyone bury Bloomberg[J]. Institutional Investor, 2017, 51(6):44-49.

[99] 胡翠华. 证券行业网站的分类及比较[J]. 情报杂志, 2006,(1): 117-120.

[100] 胡翠华. 证券信息服务商业化运作研究[J]. 情报科学, 2005,23(9): 1281-1286.

[101] 胡翠华. 证券信息服务中的关系营销与顾客资产管理[J]. 现代管理科学, 2007,(4):115-117.

[102] 胡翠华. 基于产业价值链的证券信息服务模式分析[J]. 情报科学, 2010,28(12):1789-1794.

[103] 胡翠华. 基于SUPER模型的证券信息公司服务模式选择[J]. 技术经济与管理研究, 2012,(2).

[104] 胡翠华,夏琼,王小玲. 基于公共权重DEA模型的证券信息公司服务模式研究[J]. 科技管理研究. 2012,(5).

[105] STAUSS B, ENGELMANN K, KREMER A, et al.. Service science: fundamentals, challenges and future developments[M]. Springer,2008.

[106] 邱均平,张洋,赵蓉英. 网络信息计量学方法论[J]. 中国图书馆学报, 2008,34(2):29-32,41.

[107] KAPLAN R S, NORTON D P. The balanced scorecard: measures that drive performance[J]. Harvard Business Review, 1992,70(1):71-79.

[108] MARK W J, CLAYTON M C, HENNING K. Reinventing your business model[J/OL]. Harvard Business Review. [2011-01-26]/[2018-10-11]. http://i.bnet.com/pdf/253652-Reinventing_Your_Business_Model.pdf,2008.

[109] FARRELL M J. The measurement of production efficiency[J]. Journal of Royal Statistical Society,1957,120(3):253-281.

[110] AFRIAT S N. Efficiency estimation of production functions[J]. International Economic Review,1972(13):568-98.

[111] PEEK R. When is a website a "vortal"? [J]. Information Today,1999, 16(8):36-37.

[112] O'LEARY M. Vortals on the rise[J]. Online,2000,24(2):79-80.

[113] 汪媛.垂直门户网站的区域经营之道[J].青年记者,2008,(12):117.

[114] 高宏,张矢.网上支付与结算[M].重庆:重庆大学出版社,2004:55.

[115] 肖冬梅.垂直搜索引擎研究[J].图书馆学研究,2003,(02):87-89.

[116] 董晓常.垂直门户增肥[J].互联网周刊,2006(Z1):21.

[117] 聂进,郭章根.网络金融信息服务质量评价研究——以垂直财经网站为例[J].图书情报知识,2014,(6):91-100.

[118] 邬焜,罗丽.试论信息、知识、智能、实践的全息统一性[J].情报杂志,2018,37(5):21-25,51.

[119] 胡翠华.试析证券信息资源及其价值增值[C].图书情报知识,2009,(增刊):47-51,55.

[120] 胡翠华,俞时权.我国证券市场投资者市场细分实证分析[J].现代管理科学,2007,(11):117-119.

[121] 荣翌.渠道与平台：媒体融合语境下的概念辨析[J].新闻战线,2018,(15):110-113.

[122] WOOD P. A service-informed approach to regional innovation-or adaptation[J]. Service Industries Journal,2005,25(4):429-445.

[123] DEN H P. Knowledge-intensive business service as co-producers of innovation [J]. International Journal of Innovation Management,2000,4(4):491-528.

［124］ ZOTT C，AMIT R，MASSA L. The business model：theoretical roots，recent developments，and future research［EB/OL］.The Business Model. http：//www-management.wharton.upenn.edu/amitresearch/docs/2010/THE_BUSINESS_MODEL_THEORETICAL_ROOTS.pdf，2010

［125］ 中华人民共和国国家质量监督检验检疫总局，中国国家标准化管理委员会. 卓越绩效评价准则实施指南（GB/Z 19579—2012）［S］. 北京：中国标准出版社，2012-03-09.

［126］ Saaty T L. Decision with the Analytic Network process［D］.University of Pittsburgh，USA，ISAHP'96 CANADA，1996.

［127］（美）Saaty T L.网络层次分析法原理及其应用——基于利益、机会、成本及风险的决策方法［M］. 鞠彦兵，刘建昌，译. 北京：北京理工大学出版社，2015：6.

［128］ ZOTT C，AMIT R. Designing your future business model：an activity system perspective［J］. Long Range Planning，2010，（43）：216-226.

［129］ CHARNES A，COOPER W W，RHODES E. Measuring the efficiency of decision making units ［J］. European Journal of Operation Research，1978，2：429-444.

［130］ BANKER R D，CHARNES A，COOPER W W. Some models for estimating technical and scale inefficiencies in data envelopment analysis ［J］. Management Science，1984,30(9)：1078-1092.

［131］ ANDERSEN P，PETERSEN N C. A procedure for ranking efficient units in data envelopment analysis［J］. Management Science，1993,39(10)：1261-1264.

［132］ 雷震宇. 浅谈业务战略工具——波士顿矩阵与GE矩阵［J］. 新材料产业，2013，(06)：65-67.

［133］ 泮敏. 不确定下的前景理论综述［J］. 经济研究导刊，2015，(21)：

285-288.

[134] MICHAEL N, BARRY S. Data envelopment analysis[J]. Review of Economics and Statistics, 1991, 62(2): 318-321.

[135] 李东, 王翔, 张晓玲, 等. 基于规则的商业模式研究——功能、结构与构建方法[J]. 中国工业经济, 2010, (9): 101-111.

[136] 徐峰. 范以锦: 对内容价值产生怀疑是因为混淆了概念[J]. 新闻论坛, 2017, (03): 20-23.

[137] 习近平: 共同为改革想招一起为改革发力 群策群力把各项改革工作抓到位[N]. 人民日报, 2014-08-19.

[138] 傅伟中. 内容为本、平台为王——融合发展新常态下出版传媒企业的样本研究[J]. 中国编辑, 2017, (04): 10-16.

[139] 包璐. 用户产生内容制造者的激励问题研究[D]. 大连: 东北财经大学, 2017.

[140] 朱芳芳. 平台商业模式研究前沿及展望[J]. 中国流通经济, 2018, 32(5): 108-117.

[141] 李鲁阳: 互联网金融并未超出传统金融的功能范围[EB/OL]. (2014-07-15)[2014-7-30]. http://hy.cebnet.com.cn/2014/0715/268844.shtml.

[142] 李沪生. 东方财富其实: 关注用户对权益类基金的选择[N/OL]. 理财周报. (2014-07-15)[2014-7-30]. http://fund.eastmoney.com/news/1594,20140714401061473.html.

[143] 周佳. "美国余额宝"的终结: 只宣传收益, 不把风险说够[N/OL]. 第一财经日报. (2013-10-21)[2014-9-30]. http://www.yicai.com/news/2013/10/3049750-0_1.html.

[144] 中国人民银行金融稳定分析小组. 中国金融稳定报告(2014)[M]. 北京: 中国金融出版社, 2014.

[145] 徐维强, 朱文彬. 银监会创新监管部主任王岩岫: P2P 行业监管遵循十

大原则[N/OL].上海证券报.(2014-09-29)[2016-6-30].http://caifu.cnstock.com/fortune/sft_jj/tjj_yndt/201409/3194643.htm.

[146] 孙爽.盘点：2017年金融科技十大监管政策[EB/OL].(2017-12-27)[2019-01-26].http://www.sohu.com/a/213017011_649029

[147] 李金昌.统计学三要素：问题、数据和方法[J].中国统计，2018,(3)：40-42.

[148] 李金昌.如何看待统计模型[J].中国统计，2018,(8)：23-25.

相关财经垂直门户网站网址：

[1] http://www.ce.cn

[2] http://www.jrj.com.cn

[3] http://www.stockstar.com

[4] http://www.caijing.com.cn

[5] http://www.p5w.net

[6] http://www.cnfol.com

[7] http://www.gucheng.com

[8] http://www.zgjrw.com

[9] http://www.chinavalue.net

[10] http://www.caixin.com

[11] http://www.10jqka.com.cn

[12] http://www.17ok.com

[13] http://www.591hx.com

[14] http://www.stcn.com

[15] http://www.cs.com.cn

[16] http://www.forex.com.cn

[17] http://www.bankrate.com.cn

[18] http://www.wsj.com

[19] http://www.reuters.com

[20] http://www.bloomberg.com

[21] http://www.cnbc.com

[22] http://www.marketwatch.com

[23] http://www.bankrate.com

[24] http://www.moneysavingexpert.com

[25] http://www.moneysupermarket.com

[26] http://www.ft.com

[27] http://www.ibtimes.co.uk

[28] http://www.hexun.com

[29] http://www.homeway.com.cn

[30] http://www.eastmoney.com

后　记

在著作即将付梓之际,我百感交集。本书是在我主持的国家社会科学基金青年项目"财经垂直门户信息服务模式选择及绩效评估研究"研究报告的基础上修改完善而成的。全国哲学社会科学工作办公室和同行评审专家们在6年前互联网金融还没有成为热点的时候发现了我这个选题,并给予立项资助。

在进行课题研究的这几年里,我关注和搜集了 Thomson Reuters、Bloomberg、东方财富网等国内外知名财经垂直门户的大量数据,经常性地去观察他们在 Alexa 网站的排名情况。我也很有幸地到 Bloomberg 美国总部进行实地调研,体验其核心产品 Bloomberg Terminal,与产品经理进行访谈,请其填写问卷,了解其业务经营情况和收费情况;到东方财富网上海总部和金融界北京总部进行实地考察,了解其核心产品,对数据部总监、市场部总监和产品经理进行访谈,了解其业务经营情况、牌照和行业发展走向。对于一位10多年前曾在证券之星(较早的财经垂直门户)工作过2年的市场部经理来说,我深深地感受到近几年互联网对金融产品表现形式、传播方式、交易途径与流通渠道的巨大冲击。互联网为金融产品的创新提供了温床,催熟了财经信息产品和服务形态的多样化,刺激了行业内企业间的激烈厮杀,使得"余额宝"等互联网金融产品快速发展并成为童叟无欺、人人可参与的产品形态,实现了"普惠金融"。随着人工智能、区块链、云计算、大数据等数据科学与计算机科学技术的快速发展,新一代信息技术与金融业形成融合生态,并推动金融科技发展进入新阶段。金融科技应用在推动金融行业转型发展的同时,金融业务发展变革也在不断衍生出新的技术应用需求,形成对金融科技创新发展的反向驱动。在金融与科技深度融合的过程中产生了许多新的业务活动、业务类型,也促使财经垂直门户不断发掘适合于新业态的财经信息产品和服务,创新信息服务模式。

垂直门户不同于综合门户,也不同于企业网站,是行业门户。财经垂直门户属现代金融科技服务业,行业业态变化快速,本书系统梳理国内外财经垂直门户的财经信息活动,采用网络层次分析法(ANP)和数据包络分析(DEA)定量测度、四象限法和前景理论结合分析财经垂直门户的业务类型,为其信息服务模式的选择提供依据,从而建立财经垂直门户信息服务模式选择规范,可丰富互联网经济中观层次的理论与实践研究成果。其应用价值体现在:①以财经垂直门户为研究样本,系统探讨它们的信息服务模式,定量科学评价业务类型的绩效,找出优化的信息服务模式和业务类型,可为现有、新建和拟建的同类门户信息服务模式选择提供参考。②我国财经垂直门户多是科技型小微企业,定量科学评价其现有信息服务模式的经营绩效,可辅助企业取舍或改进服务模式,提高决策正确性,降低投资风险。这符合中共十八大报告"支持小微企业特别是科技型小微企业发展"的精神,也符合中共十九大报告提出的"推动经济发展质量变革、效率变革、动力变革,提高全要素生产率"的新发展理念。

中共十九大报告提出要推动互联网、大数据、人工智能和实体经济深度融合。在瞬息万变、激烈竞争的金融科技时代,互联网上会随着政治、经济体制导向而涌现出不同业态。而业务类型也会因市场发展的不同阶段而动态变化,虽然本书中推荐的优选业务类型在目前阶段对现有、新建或拟建财经垂直网站具有一般性参考价值,但很难保证若干年后这种选择建议依然适用。不同的财经垂直门户也可能会因其人才、技术、资金、社会网络等资源的差异而选择不同的业务类型。但本书提出的内容粗加工服务模式(M1)、内容精加工服务模式(M2)、内容包装服务模式(M3)、内容传递服务模式(M4)、平台服务模式(M5)和咨询服务模式(M6)这6种信息服务模式的构造过程基于近几十年来国内外知名财经垂直门户的财经信息活动三要素分析,其分析结果具有相对稳定性;通过绩效评估指导信息服务模式选择的研究思路也具有规范性。因此,业务类型选择的动态性变化需要持续跟踪、观察、增补或删减,其绩效分析也有待根据业务类型的变化进行定量测度以寻求更加精准的信息服务模式选择建议。此外,如有一个新建财经垂直门户能够按照本书推选的服务模式和业务类型来展开业务活动,则可以跟踪本书研究成果对行业的现实指导作用。

在本书即将出版之际,由衷地感谢我的课题组成员杨锋、杨超、付剑锋、李琳、麻二磊、吕健、储周治,特别是杨锋教授和吕健先生。杨锋教授不但在课题研究思路和研究方法方面给予了很多宝贵的意见(其中双前沿 DEA 模型是杨老师的研究成果之一),而且为我提供了中国科学技术大学访学的机会,我才得以在时而心烦意躁的中年能抽空静坐在中科大东校区的图书馆和管理学院实验室阅读、思考、写作到凌晨。杨老师"一叶知秋"的学术敏感力、"心无旁骛"的学术追求、"高屋建瓴"的思维方式和"严谨求实"的治学态度让我看到了一位年轻的管理学学者的信仰和坚持,也指引我拨开世俗的云雾在学术道路上匍匐前进。我与杨老师亦师亦友,在我迷茫的时候他虽简单分享一首小诗,但对我来说却有着醍醐灌顶的作用。中科大是学术研究圣地,杨老师对中科大有着浓郁的家校情怀,这种情怀影响着我抛开世俗的经济观念、地域观念去了解一座城,去宣传一所名校,去感染一批批学生,希望更多优秀的学子报考中科大,希望更多的大学生加入学术研究的队列。吕健先生是我初进入证券之星工作时的领导,后来我们先后离开证券之星,我来到上海立信会计金融学院从教,他则去了东方财富网,继续在财经垂直门户深耕。他为我的学生提供实习就业机会,从企业人才需求的角度为财会人才培养方案的制定给出中肯建议,也与我探讨财经信息服务领域新的业务形态和发展趋势、金融终端的建设思路和业界的优胜劣汰。吕先生忘我的工作热情让我常常打断他的话,告诉他"已经半夜了,该睡了,明天再交流",他就是这样一个工作狂,是名副其实的忠实员工,也为我树立了榜样。

真诚地感谢上海立信会计金融学院对本项目的管理和出版资助,特别是我的领导信息管理学院胡乃静院长。他对财经信息管理领域有着前瞻性理解,很早就提出"金融科技"概念,并希望在信息管理学院开办这个专业,但因种种原因没有如愿。2017 年,当我提出学院申报"数据科学与大数据技术"这个新专业时,他非常支持,也给予了很多指导。当这个新专业顺利被教育部获批后,他挂帅力推专业建设，使得学院财经信息管理的技术特色与数据特色更加鲜明，"四足鼎立"的专业建设格局呈现勃勃生机。胡院长敏锐的学科观察力、谦和的人格魅力和一身正气影响着我，指引着我在信息管理学院踏实工作，发挥个人所长，为学院发展贡献微薄力量，也实现个人价值。

真心地感谢立信会计出版社的张巧玲等编辑老师，他们的辛勤付出让本书稿得以修订编辑出版。我深感荣幸，在此谨向他们致以深深的谢意。

最后我要感谢一直支持我的家人，并感谢上苍赐予我一个和和美美的家庭，使我在魔都能不断挖掘内心深处的"科学家梦"。我的爱人陈登科先生是一个理工科直男，他有着严密的逻辑推理能力，对经济形态也很敏感，在我们对社会经济发展趋势和业务形态进行不断地探讨与争执中，他给予了我很多启发，同时也是我的精神支柱。我的儿子陈垦偏爱数学，也爱倒腾"实验"，他常常奇思妙想，以提出有趣的假设让妈妈"啼笑皆非"为乐。在课题研究的这几年，我同步承担了学院的教学管理工作，工作很忙碌，我的父母承担了所有的家务，让我在工作之余得以好好休息。我的女儿陈安娜也在此期间呱呱坠地，来到这个世界，让我和爱人得以儿女双全、凑一"好"字。

学术道路漫漫其修远兮，吾将上下而求索！我的导师马费成教授年逾古稀，仍然在武汉大学带领学术团队，指导学生挥斥方遒，承担一个又一个重大课题，推动信息科学的发展。学术研究只有起点，没有终点，每当碰到困惑抑或退缩，我就会忆起马老师，想到"小马帮"的同门师兄弟姐妹们，我就又有了攻坚克难的勇气与不屈不挠的毅力。感谢在我人生求索的征程中，遇见了这么多良师益友。子曰："三人行，必有我师焉。择其善者而从之，其不善者而改之。"我将以乐观向上的心态、审慎地向同行学者们学习，不断提升自身的学术修为和教学品行，做一名有担当的人民教师、学者！

再次感谢所有在我生命中出现的人，祝大家安康、幸福！

胡翠华
2019 年 12 月于魔都浦东